建筑施工企业价值链协同机制研究

陈惠琳　著

华中师范大学出版社

新出图证(鄂)字 10 号

图书在版编目(CIP)数据

建筑施工企业价值链协同机制研究/陈惠琳 著. — 武汉：华中师范大学出版社，2020.12

ISBN 978-7-5622-9227-2

Ⅰ.①建… Ⅱ.①陈… Ⅲ.①建筑施工企业—供应链管理—研究 Ⅳ.①F407.906

中国版本图书馆 CIP 数据核字(2020)第 242823 号

建筑施工企业价值链协同机制研究

©陈惠琳　著

责任编辑：苏　睿　**责任校对**：骆　宏　**封面设计**：罗明波

编辑室：综合编辑室　**电话**：027－67867370

出版发行：华中师范大学出版社有限责任公司

社址：湖北省武汉市洪山区珞喻路 152 号　**邮编**：430079

电话：027-67863426(发行部)　**传真**：027-67863291

网址：http://press.ccnu.edu.cn　**电子邮箱**：press@mail.ccnu.edu.cn

印刷：广东虎彩云印刷有限公司　**督印**：刘　敏

开本：710mm×1000mm　1/16　**印张**：9.25

字数：156 千字

版次：2020 年 12 月第 1 版　**印次**：2020 年 12 月第 1 次印刷

定价：46.00 元

欢迎上网查询、购书

前　言

建筑业是国民经济的支柱产业，消耗着大量的资源。在建筑行业，价值管理在工程成本、进度、质量、安全、环境等最优平衡中具有显著作用，因此，价值管理对于建筑施工企业来说是非常重要的。因此本书以建筑施工企业价值链为研究对象，系统地分析了其协同内涵和协同机制，并对协同绩效作了综合评价，以期为建筑业持续健康发展提供理论指导和实践借鉴。

全书在全面、深入分析建筑施工企业行业特点以及价值链协同理论，总结国内外相关领域研究成果的基础上，对建筑施工企业价值链协同的过程和内容进行了具体分析研究，为建筑施工企业保持竞争优势、实现价值最大化运作提供一定的理论指导和借鉴。全书从价值链协同的三个方面，即内部价值链协同、横向价值链协同和纵向价值链协同，对价值链协同机制进行了分析探讨。首先，对建筑施工企业价值创造过程进行了分析，进而分析了价值链系统的构成及关系功能，通过对我国企业价值链如何调整优化展开了大量的研究，将企业活动划分为核心活动、亚核心活动和基础活动三类，从不同角度提出了经济全球化下企业价值链优化的策略，如改良策略、集中策略、扩展策略和革新策略，企业可以根据自身能力选择适合的一种或几种策略，对企业价值链进行优化，保持企业的持续竞争优势。除了以上理论探讨工作，笔者对具体企业如何优化价值链进行了实证研究，对相关企业价值链等现状进行分析，发现其存在的问题，从而探讨其价值链优化的策略和措施。其次，运用数量分析方法对企业价值链优化模型进行了研究探讨。运用动态成本分析和边际成本分析方法建立了模糊线性规划模型，并在此基础上运用运筹学建立企业的最优价值链成本结构，将生产函数与价值链结合进行研究，提出了价值链管理的类生产函数，对价值链进行定量优化分析。

本书对内部价值链、横向价值链和纵向价值链协同进行了详细分析，构建了价值链协同模型，提出了价值链协同机制，建立了价值链协同绩效评价指标体系，通过对企业的各项资源和优势进行优化整合，形成一个共同的价值目标，并同时发挥其各部分的潜力，从而提升企业产品或服务的质量；阐述了建筑施工企业价值链协同绩效评价的可行方法——模糊层次综合评价法，并运用此方法做了案例分析；将价值链从采购到消费的整个过程的各个环节进行组织协调并加以控制，使其达到整体最优。

本书的研究遵循价值链理论以及协同理论的思想，运用文献研究分析法、系统分析法、博弈分析法等方法，对建筑施工企业内部价值链、横向价值链和纵向价值链的协同机制进行了研究分析，并建立了价值链协同绩效评价指标体系，提出了价值链协同绩效的评价方法和价值链协同的支撑体系，为建筑施工企业更好地实施价值链协同、降低成本、提升竞争力，从而实现企业的价值最大化运作提供了参考。

目　录

1 导 论

1.1 研究的目的和意义

1.1.1 研究的目的

首先，从实践的角度来看，作为支柱产业，建筑业在我国国民经济中占有重要地位，国家基本建设总投资的50%～60%要通过建筑业来实现，其产值在国民经济中占很大比重，1978年以来，建筑市场规模不断扩大，国内建筑业产值增长了20多倍，建筑业增加值占国内生产总值的比重从3.8%增加到了7.0%，成为拉动国民经济快速增长的重要力量，同时带动建材、冶金、轻工、化工、机械、运输等许多相关产业的发展。但是建筑业还属于劳动密集型产业，在发展过程中存在诸多问题，与国外相比存在很大差距。整个建筑行业产业集中度低、规模小而且管理混乱、竞争无序，因此企业效率低下导致产业利润率低。随着科学技术和信息技术的发展，高新技术以及高附加值的生产方式已经逐步应用到工程项目的建设中，建筑施工企业的管理模式和生产方式开始发生根本性的变化，特别是在我国加入世界贸易组织（World Trade Organization, WTO）后经济开始融入世界经济，国外建筑企业纷纷涌入我国，建筑市场竞争日益激烈和残酷，建筑市场开始向全球化发展。建筑工程项目开始逐渐将现代IT技术应用到工程项目管理和施工活动中，彻底改变了建筑施工企业的管理模式和工作手段，极大地提高了管理效率和创新能力。中国的建筑企业开始进行业务流程重组（Business Process Reengineering, BPR），应用现代信息技术改造传统的施工流程、组织结构和管理模式，但是统计表明，很多企业都没有对价值链进行详细的分析，从而导致了流程改造的失败。因此，本书对价值链协同优化进行详细的分析来构建建筑施工企业的持久竞争优势具有十分重要的意义，为建筑施工企业应对竞争、提高管理效率提供一定的借鉴。

其次，从理论角度来看，传统的管理理念认为建筑施工企业可以通过规模生产来降低成本，或者专注于某个方面会产生竞争优势，通过把资源和精力集中于某一方面而进行“点”管理，然而“点”管理只会产生“点”优势。加强“点”管理可以培育企业的某方面的能力，产生一定竞争优势，但是随着网络经济的到来以及经营单元数量的增加，企业价值活动越来越复杂，经营管理向无边界发展。企业与产业的联系更加紧密，同行业间的无序竞争、合作渗透使企业开始重新审视企业的管理模式。“点”管理已不能适应现代竞争的需要，面对新形势，建筑施工企业必须对整个创造价值的价值链活动进行详细分析，从而通过良好的价值链协同来获得长久的竞争优势，实现企业价值创造能力的提升和效益的最大化，即实现“链”管理，“链”管理包括“点”管理，“点”优势组成了“链”优势，为企业获得持续竞争优势提供多条途径。

鉴此，本书以建筑施工企业为研究对象，运用价值链理论和协同理论探索建筑施工企业价值链协同机制，并尝试给出通过价值链协同来构筑和强化建筑施工企业持续竞争优势的途径、方法，以期为促进我国建筑施工企业健康、可持续发展提供理论指导和实践借鉴。

1.1.2 研究的意义

本书的研究意义在于：

(1)理论意义

理论上，价值链思想是研究企业竞争优势的有效工具。通过研究和分析国内外学者对价值链和竞争优势的理解与认识，本书提出建筑施工企业持续竞争优势来源于企业对价值链的全过程创新管理，企业应将创新贯穿整个价值链，从片面追求“点”优势转变到追求“链”优势上来，丰富和完善了竞争优势理论。由于价值链理论在建筑业中并未得到充分使用，目前理论界对建筑业价值链创新管理的研究也不多见，对建筑业价值链创新机制的研究更是寥寥无几。因此，价值链创新的研究是创新研究领域的新兴前沿领域。本书综合运用价值链理论和协同理论，探讨通过价值链协同来构筑和强化建筑施工企业持续竞争优势的途径、方法，这在理论上具有一定的创新，可以弥补国内外在这一研究领域的缺失。

(2)现实意义

实践上，由于我国建筑施工企业缺乏创新自主的生产技术和管理技术，也没有形成明显的建筑业产品差别，这种差别在产业市场上表现为对抗竞争的一种手段，也是一种有效果的非价格壁垒竞争手段。建筑产业规模经济不显著，使得建筑业产业内部的大企业或联合企业的生成机制不强，企业之间的激烈竞争成为建筑业组织的基本常态。价值链的优化分析理论将为建筑施工企业流程重组、信息化管理和产业升级等提供积极的理论指导。本书以建筑施工企业为研究对象，指出建筑施工企业如何通过价值链的内外协同，在价值链的每一环节做到价值增值，从而形成实现企业可持续发展的规模优势。预期研究成果可为建筑施工企业的价值链优化、重构以及升级指明方向，为政府制定适应新形势需要的建筑产业政策提供参考，为推动我国建筑施工企业创新能力和核心竞争力的提升，促进我国建筑业实现可持续发展的战略目标奠定坚实基础。

1.2 国内外相关研究综述

1.2.1 价值链理论研究现状

价值链的概念是迈克尔·波特在 1985 年出版的著作《竞争优势》中首次提出的，他提出在企业运作中资源和技术界限分明的所有活动构成了企业的价值链活动，因此企业可以将价值创造的过程划分为相互联系但又不相同的活动。波特提出的价值链以单个企业的活动为基础来分析价值创造过程以及与供应商和客户的联系，是传统的价值链。

美国学者迈克尔·波特(1985)不仅率先提出了价值链理论，而且他将价值链分析工具运用到对跨国企业的战略管理研究中，并从企业的内部环境着手，提出了基于价值链的战略分析方法，并认为价值链就是一个企业用其来“设计、生产、销售、交货以及维护其产品”的内部过程或作业，这个过程中所涉及的作业包括进出货后勤、生产、营销以及服务的基础作业和包括采购、技术创新与开发、人力资源管理在内的辅助作业。

约翰·沙恩克(John Shank)和菲·哥芬达(V. Gowindarajan)进一步扩大了价值链描述的范围,他们认为"价值链是指从最终采购原材料开始到生产出来最终产品送达顾客手中的整个过程"。Shank 和 Gowindarajan (1992)不但提出了价值链的更广泛的概念,他们把企业作为整体看成价值创造过程的一部分。并且 Shank 和 Gowindarajan 还在价值链分析中注重会计信息的分析,将每一个价值活动的报酬率和利润都进行详细计算分析,从而确定企业的竞争优势,扩大了价值链分析的范围。Shank 和 Gowindarajan 也将此种意义上的价值链分析称为战略性成本管理。价值链的分析方法与会计信息的结合,使得企业战略性成本管理成为现实。

随着因特网技术的发展,价值链的概念随之被"价值网"所取代,Mercer 顾问公司的著名顾问 Adrian Slywotzky 在其出版的著作《发现利润区》中提出,随着顾客需求的变化、信息技术的冲击以及市场竞争的加剧,企业应该改变流程设计,注重企业运作中的价值创造网络。价值网就是价值链上的所有成员构成的相互联系的整体价值创造网络,价值网促进各成员企业为了共同的利益目标密切协作,运用先进的信息网络技术实现资源和信息的高度共享,充分利用自身优势和价值链成员进行优势互补从而实现价值链效益的最大化。

随着信息技术的发展,Jefferey F. Rayport 和 John J. Sviokla 于 1995 年提出了"虚拟价值链"的观点。他们认为任何一个企业是在两个不同的世界中进行竞争的,一个是有形资源世界,称为"市场场所"(market place);另一个则是信息构成的虚拟世界,称为"市场空间"(market space)。它们通过不同的价值链开展价值创造活动。前者通过"有形价值链",即采购、生产与销售,后者通过"虚拟价值链",即信息的收集、组织、筛选与分配。两条价值链的增值过程并不相同,有形价值链是由一系列线性作业构成的,而虚拟价值链则是非线性的,有潜在的输入、输出点。企业可与根据自己的组织、结构、战略观点对这两个过程进行管理,提出新的观点和技术上的挑战。

国内有学者从价值链与知识管理的理论角度对供应链分销阶段的过程绩效评价方法进行了改进,夏火松(2003)对企业知识价值链以及企业知识价值链管理特点和模型进行了研究分析，认为其能够提高企业的竞争力。江积海(2005)则从内外部传导两个层面来构建知识传导的价值链模型，在市场的大环境下，内部知识流程中的知识共享、保护以及配置等环节与外部知识流程中的知识获取、重组等环节构成互动循环，从而优化了企业的知识结构。

近年来国内学者还对我国企业价值链如何调整优化展开了大量的研究，将企业活动划分为核心活动、亚核心活动和基础活动三类(余伟萍、崔苗，2003)，从不同角度如顾客导向、产品需求的性质、组织结构等方面进行讨论，并提出了经济全球化下企业价值链优化的策略，如改良策略、集中策略、扩展策略和革新策略(李扣庆，2001)，企业可以根据自身能力选择适合的一种或几种策略，对企业价值链进行优化，保持企业的持续竞争优势。

除了以上理论探讨工作，有学者对具体企业如何优化价值链进行了实证研究：对电力产业价值链、船业价值链等现状进行分析发现其存在的问题，从而探讨其价值链优化的策略和措施。另外，还有学者运用数量分析方法对企业价值链优化模型进行了研究探讨。运用动态成本分析和边际成本分析方法建立了模糊线性规划模型，并在此基础上运用运筹学建立企业的最优价值链成本结构(乔忠、李应博，2003)，还有学者将生产函数与价值链结合进行研究提出价值链管理的类生产函数，对价值链进行定量优化分析(董焕忠、方淑芬，2005)。

综观国内外对价值链的研究现状，越来越多的研究把注意力集中到知识对价值链优化的重要性。知识已成为价值链中最关键的战略因素，企业只有拥有了知识资源才能培育其核心竞争力，保持持续的竞争优势对价值链理论的研究为价值链理论的应用提供了很好的基础，价值链理论的应用范围也越来越广泛，具体表现在以下几个方面：①价值链用于决策支持系统的研究。通过价值链优化，为决策者提供依据，让决策者看到企业价值作业间的联系对决策目标的影响。②价值链用于战略成本管理。通过判定各种价值作业的成本动因及相互作用，控制成本动因重构价值链，企业可以更好制定成本降低战略。③价值链应用业务流程重组。④价值链用于确定企业利润增长区。⑤价值链用于培育企业核心能力，确立竞争优势。核心能力是建立在价值链的各环节上，能使企业获得持续竞争力的各种要素作用力的集合。对企业竞争优势的评估已成为企业寻找新的竞争策略的一大途径。

1.2.2 价值链协同理论研究现状

20 世纪中后期，德国科学家 H. Haken 创立协同理论，它是社会科学与自然科学的桥梁，是非平衡系统理论的一部分，它主要研究系统自身与环境、系统的各要素之间的合作互补以及协调发展的关系，属于自组织理论的范畴。之后不久，协同理论被正式提出。

1965 年，理性主义学者伊戈尔·安索夫在其著作《战略管理》中，正式将协同理论引入管理学领域，他提出，协同作用在战略管理中体现为联合效应，其主要作用可以概括为，企业获得的回报效果大于各生产资料独立的价值之和，即 2+2>5，在其战略协同理论中，主要介绍了将企业的多元化业务连接起来，从而获得更加广阔的发展空间，从而实现利润提高的方式。

之后，在 1987 年，HiroyukiItami 在研究伊戈尔·安索夫的协同理论的过程中，进行了必要的分析与界定，将其拆分为“互补效应”和“协同效应”，同时指出，协同的最大优点在于可以利用较少资源实现较大效能。

20 世纪 60 年代，伊戈尔·安索夫在研究企业的多角化经营的过程中，提出为了使企业更好地发展，可以将企业的多角化业务运用协同的方式联系起来，从而实现资源的有效利用。

韦斯顿(1987)在研究公司兼并的过程中，将协同理论应用于公司兼并的整个过程，并且将其在管理和营运两方面的应用进行了具体研究。

在研究公司群的业务表现的过程中，Buzzell 和 Gale(1986)结合协同理论指出，股东财富的创造方式可以分为：资源共享、公司的相似性、研究开发支出和市场营销。

M. Poter(1985)在研究价值链的过程中，发现各个业务之间存在着无形关联、有形关联和竞争性关联三种形式，同时，协同效应是三种协同效应完全不同的方式。

1987 年，伊丹广之对协同效应进行了比较全面的研究，在其著作中，将协同效应归结为协同效应和互补效应。

布拉德利·盖尔和罗伯特·巴泽尔(1997)在其研究中，对协同的概念界定为通过共享等方式结合起来的企业群的整体表现，它区别于一般的各部分的简单汇总。有的学者将协同理解为各部分之间的资源共享(包括有形的和无形的)产生的业务价值的增长。

协同理论在我国的应用开始于20世纪后期,主要存在于经济学领域。其发展的主要成果是协同发展经济论,该理论指出,经济系统的内部各部分之间存在"促协力",它将各部分有机结合起来,使其同步协调。

任通海(1999)通过研究发现,企业的核心能力是其各种活动共同作用的结果,而不是单一的行为所引起的,其行为作用的发挥是一系列活动通过有效结合,协同努力的成果,因此,核心能力理论与协同理论异曲同工,使协同理论发展与深化。

(1)价值链协同理论研究现状

价值链协同是基于协同学原理发展起来的,它的主要任务对企业的各项资源和优势进行优化整合,形成一个共同的价值目标,并同时发挥其各部分的潜力,从而提升企业产品或服务的质量。

对于价值链协同的内涵的界定,已有众多学者对其进行研究与探讨。伊文斯指出,价值链协同即通过物质和信息的提供与反馈,将价值链各利益相关者共同联结起来的模式。拉罗德提出,价值链协同管理就是从生产资料的采购到成品的消费的整个过程中,通过所有物质流与信息流的整合,共同完成客户价值的传递与增强。2004年,我国学者赵灵章在深入分析价值链协同效应的基础上提出,各价值链的相互作用与联系是企业参与竞争的主要优势,它的管理核心在于创造与提高竞争优势,它的来源是价值链各个部分的耦合与协同,而其功能将远远大于各部分单独作用的功能之和。

崔冰、侯学博(2007)从横向价值链的特点出发,对其进行了系统的分析,同时指出,随着全球一体化进程的加快和竞争的多样性发展,企业应该从合作竞争的角度出发,通过与价值链企业的协同合作实现自身优势的扩大与发展,进而提升竞争力。

王大为和王克(2006)通过对价值链深入研究提出,现代企业竞争已经由原来的行业内单个企业之间的竞争发展为不同价值链间的竞争,因此,努力提高自身企业所在价值链的竞争力将成为同链企业共同的目标。同时,他们还提出,在进行协同的过程中,要注意关注外部环境的发展变化,同时,在同链企业间建立必要的协同机制将是实现协作必不可少的环节。

本书中,将价值链协同定义为借助于协同学原理,将价值链从采购到消费的整个过程的各个环节进行组织协调并加以控制，使其达到整体最优。

(2)界面管理理论研究现状

自20世纪90年代首次提出界面管理的概念，经过多年的发展已经取得了丰硕的成果。国内外对于界面管理研究以企业研发部门和营销部门的界面研究为源头，已经经历了几个层级的发展。

界面管理的主要内容是界面矛盾的协调和处理。弗雷德里克·泰勒提出旨在消除劳资双方的心理隔阂的工人和管理部门间的“心理革命”，这是对一利益集团间界面进行管理的初步尝试。处理界面间矛盾的一种有效的方法是“法约尔桥”，它是一种超文本链接，试图打破企业内部职能障碍的沟通方法。后来有学者提出要进行等级化、部门化以及非人格化界面管理，而人力资源的倡导者则强调人性化的管理方式来解决界面矛盾问题。

但无论是先驱们还是后来的人力资源方法倡导者们都不是有针对性地解决界面问题。对界面管理的认识和研究起源于20世纪70年代，早期的研究主要针对R&D——市场营销界面，而近年来则侧重于企业间界面和项目管理方面，这些研究对我们进行良好的界面管理产生了积极的作用。界面管理主要研究集中在以下方面：

① 研发—营销界面的分析与管理方法研究。

② 研发—制造界面的分析与管理方法研究。

③ 大多以职能界面而非部门界面为研究对象。

④ 着重点主要放在新产品开发过程。

近年来对界面管理的研究引进了流程再造和学习型组织思想，使界面管理的内容更加丰富。但是对界面管理还仅仅停留在企业层和职能层上，并且研究尚不深入，存在很多问题：

① 没有形成统一的、规范合理的界面管理定义和内涵。

② 对界面管理的原理和理论缺乏系统性的研究。

③ 对界面管理的方法即实施过程和模式研究不足。

④ 尚未形成界面管理的计划、组织、实施和控制的普适性框架。

目前对界面管理没有系统性的研究，未来对界面管理的研究应该注重全球化经济环境下的知识创新和整合中的矛盾处理和管理，因此界面管理理论的发展方向应该是：

① 界面管理理论应将个人界面和全系统界面结合起来研究。

② 界面管理的研究应以系统论、信息论、管理理论为支撑，以博弈论、系统动力学等为工具。

③ 信息技术的发展带动了虚拟化经营的出现，这给界面管理研究提出了新的挑战和新的发展空间。

④ 将界面管理的研究走出企业管理的范围，扩展到企业外部价值链的研究中，为构建高效的价值链系统，提高企业运作效率提供支撑。

界面管理理论在早期由于生产力水平的低下、人们认识水平的落后没有受到足够的重视。随着社会大生产的到来以及知识经济步伐的加快，企业间竞争越来越激烈，为了追逐有限的资源和利益的最大化，界面矛盾日益突出，界面管理逐渐受到越来越多的重视。界面管理不仅局限在企业内部部门之间的协调，而且开始应用到社会和国家之间的协调中，为构建和谐社会起重要的作用。但是目前来看，界面管理理论无论从深度和广度方面都有很多不成熟的地方，在全球化经济的冲击下，在创建和谐社会和和谐地球的思想指引下，相信界面管理理论会有更加迅猛的发展。

1.2.3 研究述评

通过以上详细论述，可以发现价值链及竞争优势理论研究的文献具有下列特点：

(1)价值链及价值链协同理论经过 20 多年的发展，已经逐步形成了适应知识经济时代竞争要求的知识形态价值链。建立在实物形态的价值链竞争优势很快会被竞争对手模仿或超越，而建立在知识形态的价值链可以保持企业的持久竞争优势，并且现代价值链研究不仅局限于企业内部，价值链管理范围逐渐延伸到整个产业的合作伙伴，通过价值链合作企业间的协同运作提高价值链效益和提升价值创造能力的研究变得至关重要。

(2)国内外对价值链以及其创新的研究大部分以优化价值链活动而展开，从不同的角度对价值活动的调整优化做了研究，但是多数只是从构建短期竞争优势入手，培育和获得价值链长期持久竞争优势的理论研究尚不多见。

(3)上述各流派都从不同角度研究了动态环境下企业持续竞争优势问题。此外，有的研究者还试图协调各流派的观点，提出综合的持续竞争优势模型，但由于持续竞争优势的研究实际性非常强，作为研究对象的企业所处行业不同，具体情况千差万别，迄今为止还很难提出通用的持续竞争优势模型。

(4)关于价值链协同的理论研究并不多见，仅有的相关研究也局限于其内涵、特征、结构等方面，关于价值链协同机制的理论研究与实践验证都处于空白。

因此，如何从以上四个方面出发去弥补现有价值链及竞争优势理论研究的不足，将是今后需要着重研究的课题。鉴此，本书拟以建筑施工企业为研究对象，探索企业内、外部价值链的协同机制，借此给出动态环境下建筑施工企业获取持续竞争优势的机制、途径和方法，提出一个符合我国建筑施工企业实际的持续竞争优势模型，这无疑对丰富和完善现有价值链及竞争优势理论具有较大的学术价值和实践意义。

1.3 研究内容与研究方法

1.3.1 研究内容

全书综合应用价值链理论、竞争优势理论和协同理论，采用博弈分析、模糊层次综合评价等方法对建筑施工企业的价值链协同机制进行系统分析和深入研究，试图从全新的视角揭示建筑施工企业持续竞争优势的获取机制，构建建筑施工企业价值链协同模型，为我国建筑施工企业更好地参与市场竞争提供一个可借鉴的思路。具体内容如下：

第 1 章在分析背景的基础上提出了本书研究的目的和意义，并参考大量研究文献，对价值链理论、协同、创新理论和企业持续竞争优势理论研究进行了综述，从而了解研究现状、发现问题，并在此基础上提出了本书研究方法和研究内容。

第 2 章对价值链理论、系统协同理论进行了研究分析，从而为本书的研究奠定理论基础、提供理论方法和研究工具。

第 3 章系统地分析了建筑施工企业的价值创造活动和价值创造过程，从而提出了建筑施工企业价值链系统的构成要素、关系结构和功能，对建筑施工企业的价值链系统框架做了全面的分析。

第 4 章根据前一章的框架分析，对企业内部的价值链协同进行分析，运用界面管理理论提出了企业内部价值链协同的管理过程，并构建了建筑施工企业价值链协同模型，研究分析了其协同运行机制。

第 5 章对建筑施工企业横向价值链协同进行了分析，提出了横向价值链中企业竞争优势的生成机制，并运用博弈理论构建了横向价值链企业协同竞争模型，提出了建筑施工企业横向价值链协同机制。

第 6 章对建筑施工企业纵向价值链协同进行了分析，分析了其协同的驱动力并构建了纵向价值链协同模型，提出其运行机制。

第 7 章首先建立了建筑施工企业价值链协同绩效评价指标体系，然后运用模糊层次综合评价法对其进行了评价，在此基础上提出了建筑施工企业实施价值链协同管理的支持体系。

第 8 章对全书进行了总结，提出了本书研究的主要创新点，并对此领域研究未来的发展趋势进行了展望。

1.3.2 研究方法

全书在综合运用价值链理论、协同理论等理论的基础上运用了各种方法对价值链协同机制进行了研究。研究方法具体运用如下：

(1)理论研究与实践分析相结合。本书在理论上重点对价值链协同机制进行研究分析；实践上，对某建筑集团协同绩效进行了实证分析，体现了理论与实践相结合。

(2)定性分析和定量分析相结合。本书对建筑施工企业价值链协同与其持续竞争优势的关联进行定性分析，又对价值链协同绩效进行定量分析，体现了定性分析和定量分析相结合。

(3)系统分析法。本书将建筑施工企业价值链作为一个系统进行分析，研究了其系统构成及功能，并就横向、纵向和内部价值链协同进行了详细分析。

(4)博弈分析方法。全书拟运用博弈论理论，通过构建博弈模型分析价值链企业间的竞争合作关系和利益协调机制。

(5)模糊层次综合评价法。全书拟运用模糊层次综合评价法，构建建筑施工企业价值链协同绩效评价模型，并应用该模型进行实证分析。

2 企业价值链协同的基本理论

2.1 价值链理论

2.1.1 价值链概念及类型

价值的概念以顾客的需求出发，主要指可以满足顾客需求的产品或服务的价值，因此顾客愿意支付的价值超过企业提供此产品或服务的成本，那么企业就会盈利。企业通过一系列活动来创造价值，如采购、生产、服务、销售等，在创造价值的过程中此类活动也消耗成本。价值活动就是对完成顾客需求目标产生直接作用的作业活动，此类活动具有经济性（完成目标活动所需成本）、价值性（价值活动产生的客户价值）、可比较性（价值活动以价值或利润表现其贡献，可以进行不同活动间的比较）。

价值链的概念首次由美国学者 Micheal E. Porter（1985）提出来，他认为“创造对卖方有价值的产品的企业从事的经济和技术上有明确界限的所有活动，相互联系、相互作用形成企业的价值链”。此后价值链概念便受到越来越多的重视，广泛应用到企业管理领域，逐步成为企业管理的一种方法体系。Porter 将企业的价值活动分为基本活动和辅助活动两类（如表 2-1 和表 2-2 所示）。基本活动是企业的主要产品和服务创造活动，包括从投入到产出的整个过程活动，具体包括后勤活动、生产运营、营销和售后服务。

表 2-1　企业的基本活动

基本活动	活动描述
后勤活动	包括进货和出货后勤，即有关货物的收发、储存、配送等活动

续表

基本活动	活动描述
生产运营	从原材料投入到最终产品的转化过程，包括加工、装配、检验、包装等
营销	产品进入流通渠道和到达最终客户手中的方式，包括广告、售货、促销等
售后服务	产品售出后的服务以维持或增加产品价值，包括安装、培训、保修等

辅助活动是对基本活动起支撑作用的活动，使基本活动顺利、高效地实施，主要包括采购、技术开发、人力资源管理及基础设施。

表 2-2 企业的辅助活动

辅助活动	活动描述
采购	原材料、供应品、消费品以及资产的购买
技术开发	改进生产流程和工艺的技术的研究和开发
人力资源管理	员工招聘、培训、绩效考核活动
基础设施	行政管理、财务 、法律事务、计划等活动

基本活动和辅助活动构成了企业的价值链活动，为企业价值创造提供必要的条件，如图 2-1 所示。

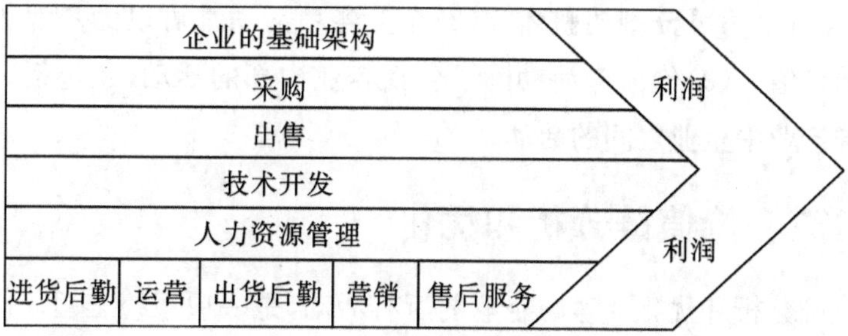

图 2-1 企业的价值链活动

Porter 认为企业价值链可以分为内部价值链、纵向价值链和横向价值链三类：内部价值链是企业内部支持产品生产和运作的整个作业链；纵向价值链是把核心企业作为一个整体，从原材料供应商到产品到达最终客户的整个过程；横向价值链是在同一产业中，处于同等地位、互相平行或交叉的企业之间所构成的关系链条。因此，现代企业就是为了满足最终客户需求而将一系列活动集合起来的系统。各种活动始于供应商，经过企业内部，终止于产品的最终客户，所有活动形成了一条相互联系相互影响的作业链。企业以内部价值链为核心，与横向价值链和纵向价值链相互影响、相互作用，形成了产业链（如图 2-2），共同为提供顾客所需产品、满足顾客需求而协同运作，最终实现价值链所有环节的增值和效益最大化。

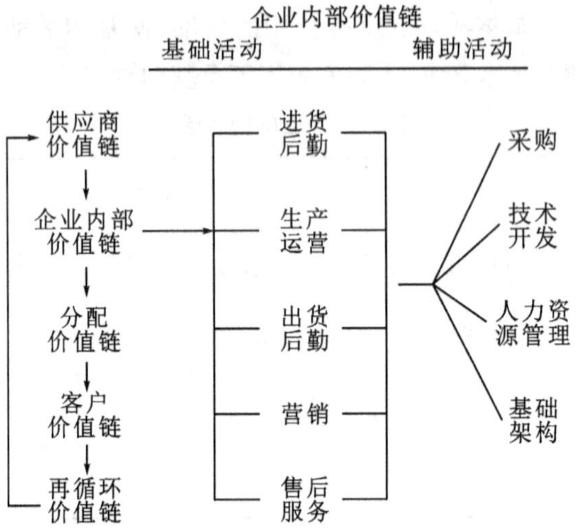

图 2-2　企业价值链

综上所述，价值链包含三层含义：(1)企业的各项价值活动相互联系、相互影响，是一个不可分割的整体。(2)企业各项活动都可以为企业创造无形或有形的价值。(3)价值链活动除了包括企业内部的活动，还包括纵向供应链和横向产业中企业之间的活动。

2.1.2　价值链分析和优化

价值链分析和优化要考虑企业的所有活动，是一项系统工程。价值链分析和优化是指识别企业中的价值创造活动，并对其进行分类、排序和分析的过程。价值链分析是为了了解企业的价值链活动、各环节活动之间的关系，以及企业内部个各环节活动与外部供应商、客户以及竞争对手之间的关系，从而识别出企业价值创造的关键活动并对其进行强化，消除非价值活动，优化成本高的价值活动，确定企业发展目标，开发核心竞争优势，提高企业价值创造的能力。每一个价值链中的企业都应该进行价值链优化，在提升自身竞争力的同时提高整个产业创造价值的效能。价值链分析框架如表 2-3 所示。

表 2-3 价值链分析框架

<table>
<tr><th rowspan="2"></th><th rowspan="2">核心竞争力</th><th colspan="2">工作流</th><th colspan="2">企业组织及管理机构</th></tr>
<tr><th>业务流程</th><th>信息流</th><th>组织结构</th><th>管理制度</th></tr>
<tr><td>第一层次
基础层</td><td>核心能力</td><td>系统运作过程及能力</td><td>管理信息系统及操作平台</td><td>组织结构与制度体制</td><td>发展战略和目标等规定</td></tr>
<tr><td>第二层次
中间层</td><td>核心业务</td><td>上下级、平行部门及分支机构使用的信息模块及相互关系</td><td>各部门及分支机构使用的信息模块，相互关系部门及分支机构的划分</td><td>部门及分支机构的划分（管理幅度和层次）</td><td>面向客户、竞争、发展等的不同层面的策略</td></tr>
<tr><td>第三层次
操作层</td><td>具体实力（研发、制造、营销）</td><td>具体的业务流程</td><td>客户分类数据库、客户交易记录档案库，生产控制系统</td><td>各级人员的审批权限和职责范围</td><td>具体制度和政策</td></tr>
<tr><td>作用</td><td>增强企业的竞争优势</td><td>降低运行成本、满足客户需要</td><td>改变工作习惯，提高应变能力和工作效率</td><td>提高反应和决策速度</td><td>激发企业的发展动力</td></tr>
<tr><td>性质</td><td>战略规划和策略安排</td><td>实质运行</td><td>虚拟运行</td><td>控制</td><td>控制</td></tr>
<tr><td rowspan="2">改进方向</td><td rowspan="2">根据客户和竞争情况，给予调整，既要突出重点又要均衡发展</td><td>减少不必要的中间环节，提高运行速度</td><td>不断提升，保持一定的行动速度</td><td rowspan="2">在现有的核心业务和流程框架下，定期或不定期地优化组织结构</td><td rowspan="2">以市场竞争为中心不断完善</td></tr>
<tr><td colspan="2">以核心业务为中心，持续改进，实现标准化和规范化管理</td></tr>
</table>

完整的价值链分析分为内部价值链分析和行业价值链分析，价值链分析步骤如下：

（1）内部价值链分析

内部价值链分析主要是为了找出企业的核心价值活动，即产生竞争优势的价值活动，从而对这些活动进行有效管理。

①识别价值链活动。以价值创造方式作为划分标准，区分出具有不同成本、成本动因、独立资产和人员的非关联活动，各作业活动完成不同的功能，

所有作业活动之和构成了企业的全部经营活动，实现企业的全部功能。

所有作业活动可分为结构性活动、过程性活动和经营性活动。结构性活动包括制度结构、产品结构、技术结构等管理活动；过程性活动包括产品质量管理、生产效率管理、员工管理等；经营性活动包括生产管理、采购管理、质检管理等。企业要将结构性活动和过程性活动作为重点，因为其成本动因代表企业的长期战略性动因，这些活动是构成企业竞争优势的重要因素。经营性活动是企业的短期活动，在一定生产能力下经营性活动所带来的价值增值能力基本是固定的，因此面对激烈的市场竞争环境，企业要更加关注长期战略活动——结构性活动和过程性活动。

波特认为企业内部价值链由基本活动和辅助活动组成。基本活动是指后勤、生产、市场营销和服务；辅助活动是指采购、人力资源管理、技术开发和企业基础设施。基本活动构成了企业的核心活动，是企业发展的关键活动，辅助活动为基本活动的有效实施提供支持作用，每个价值活动对于最终产品的生产都必不可少，是增值活动，为增强企业竞争力提供保障。

②确定关键价值活动。企业的生存依靠优质的、可被顾客认可的产品和服务，不同企业拥有不同的产品和服务，而创造企业独有竞争优势产品和服务的活动即构成了企业的关键活动，也即战略活动，为形成企业的核心竞争力提供重要的支撑。在识别企业关键产品和服务优势的基础上也要进一步考虑如何更好地实现以及为顾客创造更多的价值，包括质量、服务、价格、特性等。除此之外也要对非关键活动进行识别，其对关键活动的有效实施提供必要的保障，可能产生价值增值。

③确定价值活动成本。会计系统要区分不同价值活动所占用的资源，对耗费的成本进行准确的评估，从而准确地确定企业的增值活动和非增值活动，对企业活动成本进行更好的管理。增值活动是指企业收入大于投入的价值活动。判定企业增值活动最常用的方法是缺项感知法，即通过对比某项活动有无的情况下顾客愿意支付的价格。判定成本的方法一般采用 ABC 或成本作业法。

根据②和③，我们可以将企业活动分为四类，如图 2-3 所示。

在企业价值链分析时，可能会发现有些活动既不是战略性活动，也不是增值活动，但是是企业运作中不可或缺的，这就要根据企业具体的情况具体

	战略性活动	非战略性活动
增值性活动	战略—增值性活动	非战略—增值性活动
非增值性活动	战略—非增值性活动	非战略—非增值性活动

图 2-3 企业的各种活动类型

分析，选择合适的优化策略。如一个企业的业务流程如图 2-4 所示。

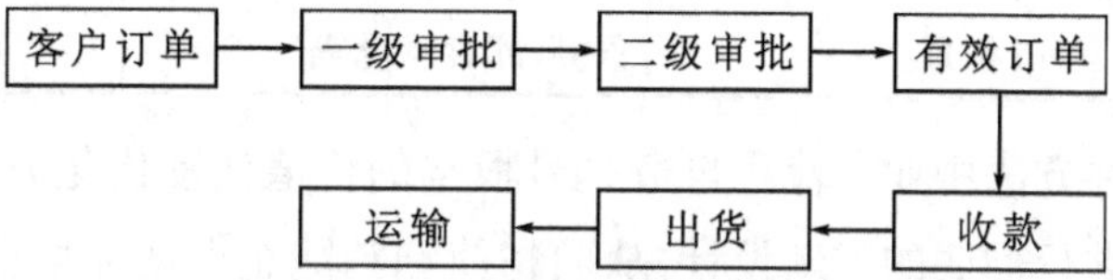

图 2-4 某企业的业务流程

审批是企业的必要活动，而二级审批就要根据企业的性质以及具体情况进行分析其是否必要。

④优化价值链活动。企业要综合考虑战略性活动及其与其他活动的相互联系，对价值链活动进行重新整合和优化改进，消除非增值活动，强化关键活动，整合优化高成本活动，从而对价值链活动进行有效管理，不断巩固和加强企业的竞争优势。

根据上述不同的活动选择相应的优化策略，战略—增值性活动是企业最重要的活动，是构成核心竞争力的重要活动，因此采取保留并且强化策略，必要时对其进行补充；对于战略非增值活动要进行优化，改善活动效率、降低成本，使其逐渐转化为战略—增值性活动；对于非战略—增值性活动，企业可以将其精简或外包以专注于战略活动，从而增强企业核心竞争力；对于非战略—非增值性活动，企业应该精简或消除。优化策略具体如图 2-5 所示。

	战略	非战略
增值	保留/强化/补充	精简/外包
非增值	强化/提高效率/降低成本	消除/精简

图 2-5 不同价值活动的优化策略图

在对各种活动进行优化时，可以采取优化流程、再造组织、集成信息和规范制度四种主要的方法来提高企业价值创造效率、降低成本，从而增强企业的核心竞争力，实现效益最大化，各种优化方法具体如表 2-4 所示。

表 2-4　企业价值链优化可选方案表

流程角度	组织角度	技术与信息角度	制度角度
* 流程优化 * 流程再造，使企业内部各项战略性活动在新的流程下产生	* 组织学习 * 非正式组织 * 提高人力资本 * 加强隐性知识积累	* 技术创新、改造 * 完善供应链 * 建立贯穿价值链全程的数据库，如生产计划、订单预测、库存状况等	* 重新制定匹配的制度

以上四种方法中业务流程再造是最根本的价值活动优化方法，是对企业的业务流程进行彻底的重新设计，从而精简和消除企业的非增值以及非战略活动，最大限度地降低成本、提高运作效率，实现整个企业价值创造能力的提高以及从职能型到流程型的转变。

(2)行业价值链分析

行业价值链分析主要是为了找出企业在本行业中的相对优势，从而更好地管理该优势，保持企业的可持续经营。

①识别企业行业价值链活动。对行业中的独立环节进行识别，即得出有市场、客观的市场价格以及生产和销售企业。

②确定企业在行业价值链中的地位和优势。通过对本企业所处环节与行业价值链该环节的利润率、资产收益率等与竞争对手进行比较，找出企业盈利能力强的环节，从而评估企业在行业价值链中所处的地位，为企业制定战略提供一定的依据。

通过高效的价值链分析，企业可以更好地对价值链活动进行管理，充分利用企业内部和外部资源来优化企业价值活动，为企业培育核心竞争优势和保持持续竞争优势提供良好的管理手段。在现代竞争激烈的市场环境下，企业需要适时地对企业价值链进行分析优化来增强竞争实力，从而在同行业中与竞争对手相抗衡。

在我国由于 20 世纪建筑业基本上都被国有企业和集体企业所垄断，上级主管部门直接将任务分配给这些建筑企业，因此建筑业缺乏竞争、管理落后。价值链理论在建筑工程领域的应用起步较晚，所以运用价值链理论进行建筑企业分析管理较晚。在20世纪90年代末中央对国有企业和集体企业进行改制,建筑行业打破了行业保护,很多企业开始感受到了竞争的压力,纷纷进行改革,开始运用各种管理方法和措施来降低成本、提高企业竞争力,积极地参与市场竞争。企业科学管理和成本问题受到企业越来越多的重视,因此建筑企业开始运用价值链理论进行分析管理,积极寻求降低成本、高效运作的有效途径。

但是建筑施工企业与一般生产制造企业经营过程有所不同,价值链活动有很大区别,是以项目承揽、项目施工和服务为主要活动,因此运用价值链理论对建筑施工企业进行管理分析也有其特有的特点。

2.2 系统协同理论

2.2.1 协同理论

在20世纪70年代德国物理学家哈肯(H. Haken)创立了协同理论,与耗散结构论、系统论并立为非平衡系统理论三大流派,是一门主要研究远离平衡态开放系统的横跨自然科学和社会科学的横断学科。1977年初步形成了协同理论体系,并且在20世纪80年代协同理论开始传入我国,我国学者开始研究协同理论。远离平衡态的开放系统不断与外界进行物质、能量以及信息的交换活动,并逐渐演化形成具有一定功能和结构特征的稳定系统,这类系统从无序向有序演进的变化规律以及从有序到混乱的演化过程就是协同理论的主要研究内容。

协同理论认为,无论是自然系统还是社会系统,其子系统并不是孤立存在的,而是相互影响、相互作用,按照相同的基本原理通过非线性关系产生协同效应。系统在一定的条件作用下进行自组织过程的演进,各子系统相干性逐渐增强,因此协同理论研究的是系统的自组织现象,即系统通过自组织形成特定的功能结构特征的过程中各子系统的变化情况以及其如何避免冲突、竞争,协调达到协同。同时,此理论还提出在系统自组织过程中有一种力量会促进或阻碍系统的自组织过程,即“促协力”。“促协力”也就是序参量,会支配系统的演进方向,当“促协力”为正值时,系统各子系统相互协同发展;当

“促协力”为负值时，各子系统的相互作用会遭到破坏。

(1)系统性原理

系统自组织的结构、模式、形态，或者系统所呈现出的特征、行为、功能是不断发展演化形成的。它们是在系统组成要素的基础上形成的具有相互联系、相互作用的组织产物和组织效应，是通过系统的众多组成部分自上而下相互作用产生在整体上表现出来的特征。而价值链系统就是通过各子系统间的关联机制、协同关系构成的具有一定功能结构的系统，是系统性原理在协同性上的具体体现。因此，从系统科学的观点来看，价值链协同就是设计和建构系统内各子系统间的关联机制，以使系统产生预期的最佳功能效果。

(2)支配性原理

具有多组分的系统在处于无序的旧结构状态时，各个子系统独立运动，各行其是，不存在合作、支配与协同；只有当系统内的少数趋势、模式、力量等引导、规范和支配系统大量其他组分、要素、趋势、模式等的行为时，才促使它们协调运作形成稳定的有序结构。这种在系统演化过程中从无序到有序的支配模式和力量称为序参量。序参量是在系统组分之间、系统与环境之间相互协同合作与竞争中形成的，反过来，序参量又以特定的模式支配系统组分要素间的进一步协同合作与竞争，从而形成系统的有序结构。

社会经济系统也是由不同的子系统相互联系、相互作用复合而成的，其演化过程中形成的复合机制决定着系统的结构与功能。对复合系统实施有效管理并实现整体性协调，从而使系统的整体性功能由各子系统的功能耦合而成全新的整体系统效应，这种耦合能使系统整体功能成倍地增长，并远远超出各子系统功能之和。系统整体协调后产生的系统整体功能的增强，称为系统管理的协同效应。而且，越是复杂的复合系统，系统对实现系统发展期望目标的作用就越显著，系统协调后产生的协同效应就越明显。也即“1+1>2”的道理。

2.2.2 协同的分析理论

(1)博弈论

博弈论又称对策论，是一门研究多个决策主体相互作用、相互影响时的理性决策行为以及决策均衡问题的学科。博弈论研究的对象包括参与人、行为目标、信息、行为、支付函数、均衡和博弈结果。

博弈根据参与人是否达成协议可以分为合作博弈和非合作博弈。合作博弈强调团体性，而非合作博弈强调的是个人理性。根据参与人行动顺序可以将博弈划分为静态博弈和动态博弈。静态博弈是指参与人同时选择策略，或者后动者策略是在对前动者策略完全不知晓的情况下做出的；动态博弈是指参与人决策行为有先后顺序，后动者可以了解到前动者的行动。根据参与人是否掌握对手信息，可以划分为完全信息博弈和不完全信息博弈。完全信息博弈是指参与人了解彼此的特征、战略等知识。将上述类型结合起来，博弈有四种不同类型，具体如表 2-5 所示。

博弈论的特点如下：

①博弈论研究相互作用下的决策问题。企业受到价值链系统中其他成员行为活动的影响，同时企业的行为活动也会影响其他成员，博弈论的研究对象就是相互作用、相互影响下某主体的决策问题。

②博弈论主要研究信息不对称下的决策问题。价值链系统中企业为了保持自身优势更好地参与竞争，通常会隐藏与竞争相关的企业信息，博弈论就是通过特定的数学方法研究此类条件下的决策问题。

表 2-5 博弈类型

行动顺序 / 信息	静态	动态
完全信息	完全信息静态博弈； 纳什均衡； 代表人物：纳什	完全信息动态博弈； 子博弈精炼纳什均衡； 代表人物：泽尔腾
不完全信息	不完全信息静态博弈； 贝叶斯纳什均衡； 代表人物：海萨尼	不完全信息动态博弈； 精炼贝叶斯纳什均衡； 代表人物：泽尔腾、克瑞普斯和威尔逊

③博弈论研究动态化的问题。今天的企业在变幻莫测的竞争环境中生存，因此企业必须适应动态化的竞争环境以保持企业的持续竞争优势。博弈论通过重复博弈和多阶段博弈的科学方法为企业在动态环境中竞争提供可行的管理方法。

④博弈论研究以均衡为目标。由于相互竞争的企业众多，因此博弈论分

析后不一定每个企业都会采取最优策略,而是各个企业通过得失权衡后采取相对较优的策略,从而达到均衡,称为纳什均衡,是博弈的结果。

企业间的协同包括协作和竞争,而竞争行为的研究主要是研究决策主体、行为、制度结构和均衡四个因素。博弈论研究的主要因素为参与者、博弈规则、结果和收益,因此博弈论帮助企业研究激烈的竞争中的竞争态势,从而为企业正确地决策提供有力的依据。博弈论的特点决定了其可以有效地运用到价值链协同分析管理中,为价值链各企业作出正确决策、提高协同水平提供一种有力的分析工具。

(2)竞争优势理论

英国经济学家张伯伦(E. Chambeilin)首次在其出版的著作《垄断竞争理论》中提出“竞争优势”的概念,此后这个概念被逐步引入战略管理领域。自从美国哈佛大学教授迈克尔·波特出版《竞争优势》和《竞争战略》后,竞争优势得到企业界和理论界广泛的关注。波特教授以市场和顾客为基准,提出竞争优势是来源于以低廉的价格为顾客提供同等效用的产品,或者以高昂的、顾客愿意付出的价格为顾客提供独特效用的产品。后来不同学者站在不同的视角对“竞争优势”的概念进行了界定,但是他们有其共同点:①竞争优势是企业与其竞争对手相比较而言的。②是否获得超额利润是企业竞争优势的衡量标准。③为客户创造价值是企业竞争优势的根本来源。因此,竞争优势就是企业以比竞争对手低的成本为顾客创造同样或更多的价值。

竞争优势有三种类型:以占有为基础的竞争优势、以获取为基础的竞争优势、以能力为基础的竞争优势。以占有为基础的竞争优势是对战略资源或要素的占有;以获取为基础的竞争优势就是有优先接触或获取他人资源的能力;以能力为基础的竞争优势是拥有独特的知识、技术活能力。

波特的竞争优势理论主要分为三部分:第一部分就是波特五力模型,即企业竞争受到潜在进入者的威胁、替代品的威胁、购买者和供应者的议价能力以及产业内竞争者的威胁五种力量的影响;第二部分是通过成本领先战略、差异化战略和目标极具战略实现竞争优势的培育;第三部分是研究竞争优势和价值链优势的来源。波特教授将企业的生产经营过程细分为相互联系的价值活动,这些活动彼此影响、彼此联系共同作用完成增值过程,形成了企业价值链。竞争存在于价值链之间,因此波特认为通过优化价值链中的战略性价值活动，精简和消除非增值活动。波特从竞争定位到竞争优势获取到价值链优化，提出了完整的竞争优势获取体系。

价值链是一种系统的分析企业战略活动的工具，对识别企业竞争优势起重要作用，并且价值链的差异是一个企业竞争优势的关键来源。价值活动是获得竞争优势的基础，每一种价值活动运行的成效都决定企业竞争能力的高低，因此企业需要识别关键价值活动并强化使其成为竞争优势，并且协调一致的价值链，即企业内部各价值活动及上下游价值活动之间协调一致是增加企业竞争优势的重要途径。价值链和竞争优势的关系如下：

(1)价值链与成本优势

企业所从事的每一个价值活动都与成本密切相关，并且成本也受企业内外其他活动的影响。获取成本优势有两种渠道：一是控制成本驱动因素，即企业通过控制占据总成本重大比例的价值活动的成本来获得优势，主要可以控制规模、控制学习、控制生产能力利用率、控制联系、整合等来获取竞争优势；二是重构企业价值链，通过采用不同的生产工艺、新的分销渠道、新原材料等改变企业原有价值活动来获取竞争优势。

(2)价值链与差异化优势

差异化来源于企业的价值活动方式，在一定价格下可以为顾客创造更多的价值。差异化可以是产品外观、规格，也可以是企业独特的销售渠道等。企业可以通过降低买方成本和提高买方效益来提高顾客价值，因此企业应该系统分析买方价值链，了解买方价值链与企业价值链之间的关系，识别购买标准，为更好地实施差异化提供有效的方法。

2.3 价值链协同理论

2.3.1 价值链协同的内涵

(1)价值链协同概念及特点

价值链协同是指以价值链管理的目标和任务为基础，根据自组织运行机制实现“竞争—合作—协调”，逐渐演化组成一个稳定有序的具有一定功能结构的价值链系统，各个实体为实现价值链目标而协调一致运作。

价值链协同具有如下特点：

① 协同学的自组织原理是价值链协同的理论基础，根据此理论分析价值链各个环节如何自组织演化形成一个协同运作的价值链系统。

② 价值链中的各环节协同实体是独立的利益主体，组织独立、来自不同的地域，因此价值链协同系统是一个建立在虚拟企业组织形态之上的价值链组织和管理系统。

③ 价值链系统是价值链协同研究的主要对象，并以自组织理论为指导，使价值链系统在与外界环境进行能量交换的过程中不受干扰自发进行结构调整，以不断适应外部环境的变化，并建立起“竞争—合作—协调”的自组织运行机制，这是价值链协同的重要标志。

④ 通过“竞争—合作—协调”的自组织运行机制，价值链协同各实体为了实现价值链整体目标和任务而协同一致地工作。但是由于价值链系统具有虚拟性，并且每个实体为了各自利益会独立、自主地做出各自的局部决策，因此价值链协同实体处于不断地更新变化中。

⑤ 价值链协同的主要目的是价值链各环节实体能够协调一致地工作以实现系统运作的高效、快捷，满足顾客不断变化的需求，从而提升价值链实体价值创造的能力、实现效益最大化。

(2)价值链企业协同的类型

价值链管理的核心和最终目的就是协同一致地工作，协同的表现就是价值链各环节实体成员密切配合共同完成某项价值创造活动，或者实现共同的战略构想。根据协同的性质和时空关系，价值链协同成员可以划分为企业内部协同和企业外部协同两类。

① 价值链企业内部协同。内部协同就是企业内部生产运营过程中不同部门、不同层级之间的协同。如企业的采购部门、生产部门、销售部门以及行政部门等之间的协同以及企业战略、战术、操作层级之间的协同。内部协同的主要目标是充分利用企业内部资源，在各部门间建立良好的沟通和信息共享机制，消除信息孤岛，并为了企业的整体战略目标而一致运作。企业内部协同是外部协同的前提条件，只有内部协同才能实现外部协同。因此企业要及时发现制约企业发展的瓶颈问题，进行业务流程和组织更新，不断加强企业创新管理，实现组织的扁平化、快速响应。

② 价值链企业外部协同。外部协同是指企业与其他相关企业之间的协同，是整个价值链间的协同。外部协同以企业间信息共享为纽带，使企业各个业务流程进行无等待高效衔接，因此外部协同是以整个价值链的目标和利益为基础，不单单考虑企业自身利益还要兼顾整个价值链的利益，最大限度实现整个价值链效益的最优。外部协同是价值链协同的核心内容，整个价值链良好地协同运作将提升价值链及其各个成员的竞争力，实现企业间的双赢。按照协同的层次，价值链外部协同可以分为操作和业务流程协同、管理和业务标准协同、战略协同，其中战略协同是价值链协同的最高层次，操作和业务流程协同、管理和业务标准协同是价值链协同的主要内容；按照内容分，价值链协同还可分为订单协同、财务协同、需求协同、生产协同等。

(3)价值链协同机会的识别

价值链协同需要详细识别其协同机会，从而有的放矢，产生良好的协同效应。根据迈克尔·波特提出的关联业务识别方法，本书将价值链协同间的协同机会分为有形协同和无形协同两类。

① 有形协同。有形协同是价值链企业在相互联系的环节中实物形态的协同，主要包括具有共同特征的供应商和客户、相近的营销渠道和相似的生产过程等。通过有形协同，企业可以共享价值链资源，有效降低某些环节成本，产生协同效应，从而提高企业的竞争力，保持持久的竞争优势。价值链有形协同识别可以通过分析各节点的协同来源和形式以及途径来实现，具体如表 2-6 所示。

表 2-6　价值链协同识别

采购协同		生产协同		市场协同	
协同来源	协同形式	协同来源	协同形式	协同来源	协同形式
共同的供应渠道，同类的供应商，共同的原料产地	进行供应商协同，采取联合采购的方式	共同的产品技术，共同的加工技术，对生产辅助活动的相同需求	进行研发部门的协同，联合技术开发，进行加工部门的协同，进行辅助部门的协同	共同特征的客户，相似的销售渠道，相同的地理市场	共享商标，协同销售队伍，协同分销系统

根据表 2-6，企业可以根据分析价值链上的协同来源来确定协同机会，但

是协同效应的产生还得权衡协同成本和协同效益，协同效益大于成本则产生协同效应，实现企业协同竞争优势的建立。

② 无形协同。无形协同是无形资源即价值链间知识和技能等的传播和共享产生的协同效应。企业可以通过各自管理知识、技术知识的沟通交流，实现无形资源的高效率、低成本传播共享，提高企业管理运作效率和管理流程等的更方便、更高效的协同，如供应商管理技能、客户服务管理技能、生产管理技能等的共享。无形协同基于价值链节点间的相似基本属性和不同知识技能，主要包括以下几个方面：

(a)相同的基本战略：价值链各节点企业具有相同或者相似的价值观、战略目标和发展模式等，决定企业间可以通过无形资源的协同来传播知识技能等，从而提高管理能力。

(b)相似的价值链模式：价值链的组成以及其结构框架即价值链模式，是价值链运行的基本方式，相似的价值链模式可以吸收价值链组织的结构以及运行管理优点，实现价值链管理的高效率。

(c)相近的客户合作关系：客户是价值链效益的源泉，对客户进行管理是价值链管理的重心。相近的客户合作关系可以促进协同方在客户开发和管理经验以及技巧的共享和学习，提高价值链管理绩效。

(d)相似的重要价值活动：价值链的重要价值活动包括市场开发、物流服务、生产制造等，通过价值链协同的互相沟通和交流，促进各种知识和技能在价值链间高效传播共享，极大地提升价值链的竞争优势。

以上企业的相似性决定了企业实现价值链协同的可能性，价值链协同效应的产生也表明了其协同的必要性，但是价值链节点间的无形协同需要对价值链所有企业战略、目标以及业务运作流程有一个系统而清晰的了解和认识。

(4)建筑施工企业价值链协同内容

① 建筑施工企业价值链协同目标。建筑施工企业内部价值链协同目标规定了企业发展方向、协同各部门的业务焦点。内部价值链协同目标主要包括：各部门保持良好的沟通协调使协同效应最大化、成本最小化；各部门为了公司的共同目标而高效协同，实现企业既定目标。确定内部价值链协同，应该建立协同的协调沟通机制，各部门以整体利益为重，充分发挥各自优势，积极表达自己的观点和意见，实现部门间信息共享，为效益最大化的实现协同

运作。同时,需建立良好的监督和评价机制,为价值链协同目标实现提供有力保障。

外部价值链协同目标是保证建筑施工企业的上下游以及横向协同企业间信息和业务畅通,以最低成本、最高质量创造顾客需要的产品和服务,实现效益最大化。确定外部价值链协同要建立良好的信息共享、收益分配和信任机制,以价值链整体效益为重,充分利用价值链资源,保证价值链协同管理的高效率。

② 建筑施工企业价值链协同规则和业务流程。建筑施工企业价值链协同规则是指协同运作的准则和规范,主要包括除法律规范之外的办事原则、程序、技术质量标准等。价值链业务流程是从招投标开始到工程项目竣工交付、维修服务的整个过程的内部和外部管理活动。企业要实现效益最大化,需要各个部门以及价值链各节点间进行良好的沟通和协同运作,尽力消除部门内、部门之间以及节点企业间的非增值活动,降低成本。

2.3.2 协同理论在价值链管理中的应用

人们很早就从不同角度对系统的协同进行了研究,提出了很多相关的协同对象研究理论,如平衡相变理论、突变理论、耗散结构理论、超循环理论等。而著名物理学家赫尔曼·哈肯(Harmann Haken)教授将其进行系统整理归纳提出一个普遍适应的理论新学科——协同学(synergetics)。协同学是一门研究开放系统内部各子系统间相互影响、相互作用形成有序结构的机理和规律的学科,各个子系统通过不断地与外界进行物质、能量和信息等交换,形成具有一定功能效应的新型结构。

(1)合作是价值链协同的本质内涵

系统中的各子系统在演化过程中通过相互影响、相互作用实现合作、协调以及同步行为,即实现协同,因此协同是各子系统的联合作用结果。哈肯提出"协同学是一门关于合作的学说",各子系统只有既竞争又合作才能实现协同效应的产生。由于资源的稀缺各个子系统不可能拥有所有资源,因此需要共享其他系统优势资源来弥补自身的不足,通过协同实现系统内部和外部资源的有效集成,并组建价值链的动态联盟。"动态"反映市场和竞争环境不断变化的特点,而"联盟"则反映了一种新型的通过密切合作和响应变化的组织模式。动态联盟要求各个价值链节点企业以一种更加积极主动、默契的方式进行合作，要求各个节点企业结成以市场需求和客户为基础的战略联盟，向企业内部各部门一样主动协调工作，从而实现整个价值链的多赢。

(2)开放对价值链协同的作用

根据协同理论可知，系统只有在开放的环境下与外界不断进行物质、能量和信息的交换，系统才能从无序走向有序，实现功能结构的形成并不断完善。因此开放是价值链协同高效运作的关键，开放还包括相关的技术以及知识的交流，这样才能逐渐改进和完善系统功能结构，使系统运作效率更高。价值链协同中开放最本质的特点就是充分利用其他节点企业的优势资源来弥补和形成自身的竞争优势，如借用供应商、研究机构客户等，将技术研究、市场开发、推广等与节点企业有机结合起来，从而减少企业的投资风险，实现低成本市场运作。开放强调跨组织、跨部门间的信息传播和交流以及跨企业的参与经营，市场和企业是企业价值链协同机制的两个端点，价值链协同是企业功能的外部市场化和市场交易的内部企业化。

(3)关注价值链系统各要素非线性关系

价值链协同系统的各子系统各要素之间不是简单的线性依赖以及因果关系，而是既存在正反馈的倍增效应，又存在负反馈的限制增长的饱和效应的复杂非线性相互作用关系。这种非线性复杂关系推动价值链系统的有序演化，通过复杂的相互作用产生协同效应，并不断循环实现系统的不断发展和完善。然而系统演化的过程中也会产生消极效应，阻碍和牵制系统协同效应的产生，甚至导致有序结构的混乱，因此价值链各节点合作企业以及各部门各层次之间必须紧密配合协调一致，从而产生单一企业不具有的新功能、新结构，不仅仅是简单的子系统功能叠加，而是实现“1+1>2”的综合绩效。在价值链协同管理中是复杂的非线性作用保证了系统稳定有序的发展，因此要关注这种要素间复杂的非线性作用。

2.3.3 价值链的协同机制

当今世界的竞争不仅仅是企业间的个体竞争，更是价值链之间的群体竞争。因此通过价值链协同来实现价值链以及各节点企业竞争能力的提升是一种有效的途径，具有重要的战略意义。然而实现价值链协同的高效管理运作，必须要详细分析企业内、外部环境，识别价值链的协同机会并建立完善的促进价值链协同运作的协同机制，从而保证最大限度地实现价值链的协同效应。

(1)协同机制的理论基础

组织进行资源配置会产生相应的交易成本和管理成本，价值链的资源配置会带来交易成本和管理成本，但是如果其成本低于市场的交易成本和企业的管理成本，价值链资源配置就会更加有效率，这也就是价值链创造价值的机理所在。价值链机制的理论基础是网络组织理论和交易价值理论。

网络组织理论和交易价值理论对传统的交易成本理论进行了批评，认为企业之间的交易不仅存在交易成本，而且相互之间的交易可以获得收益。网络组织理论认为应该使用“资源依赖”作为分析的基础，企业之间存在可以相互使用的能创造价值的资源，资源的交换不仅仅存在交易成本，而且能为双方创造收益。网络组织理论将不同的利益主体组合为一个利益联合体，避免了企业组织内部因为协调造成的过高的管理成本。交易价值理论以交易主体追求交易价值最大化而不是交易成本最低为分析基础，它强调的是交易主体对个体利益的追求是建立在交易双方共同价值最大化基础上的。通过合理的价值分配机制分享其共同创造的价值。所以，交易价值最大化理论可以避免或者减少企业的有限理性和机会主义行为，从而降低市场交易成本。

(2)协同机制的内涵

系统通过不断的演化实现稳定发展必须存在适当的生长机制促进和约束其协同运行，因此机制就是系统演化中的特殊的激励约束关系，其通过微观层次的有效运行控制、引导和激励系统来使系统微观层次的相互作用转化为宏观的定向运动。机制是一种非线性、非对称的选择放大或衰减机制，根据系统内部的演化需要适时对内、外部关系和事物进行选择、控制、协调和引导。选择是指选择系统构成所需物质资源以及系统稳定运行所需正确的步骤、程序、方法、途径等，控制就是对系统内部的正反馈进行放大，从而激励子系统相互配合、积极工作。本书中所指的协同机制即是价值链各成员企业为了实现各自战略目标和竞争优势以及整个价值链效益最大化相互协同与竞争，所形成的价值链系统内部的特定规律性机制。

本章小结

本章主要介绍了价值链理论、系统协同理论以及价值链协同的相关理论，为后文建筑施工企业价值链协同机制的研究奠定基础。主要介绍了价值链概念以及类型，价值链分析和优化流程、协同理论以及协同分析中运用的方法、价值链协同的内涵、协同理论在价值链管理中的应用以及价值链协同机制的内涵。

3 建筑施工企业价值链系统基本框架分析

3.1 建筑施工企业概述

3.1.1 建筑施工企业的特点及价值活动分析

建筑施工企业是指专门生产建筑产品的企业，即从事建造土木建设工程——建筑物和构筑物以及提供建筑安装服务的企业，主要包括建筑公司、工程安装公司、机械化施工公司等其他专业化的建设公司。具体地讲，施工企业是从事铁路、公路、隧道、桥梁、堤坝、码头、电站、机场、运动场、房屋等土木建筑活动，从事电力、通信线路、石油、燃气、给水排水、供热等管道系统和各类机械设备、装置的安装活动，从事对建筑物内、外装修和装饰的设计、施工、安装活动的企业。建筑施工企业的行业特点如下：

(1)建筑产品特点

建筑业是一种生产过程重复性强，但是产品种类繁多的典型的订单式生产活动行业。建筑业不同于一般的生产制造业，建筑业的生产经营对象为工程项目，工程项目是企业活动的基础和出发点，是企业经营持续的必要条件。工程项目与一般产品相比具有特有的性质，具体特点如下：

①产品地点的固定性。建筑产品在选定的地点进行生产建造和使用，具有固定的生产作业地点，不可移动，一般与当地土地不可分割，如地铁、隧道、地下商场等建设项目本身是土地的不可分割的一部分，因此建筑产品的生产地点和交付地点具有同一性。

②产品体型庞大。综合性的建筑产品和单项工程都需要消耗大量资源、产品，施工现场都需要占据广阔的空间和土地，建筑产品体形庞大、功能复杂，产品生产过程要消耗大量的大宗材料，如钢筋、水泥、木料、土砂等。

③产品类型多样。随着科技的发展和生活水平的提高，社会对建筑产品的需求更加多样化，因此建筑不断呈现出多样性。建筑可以根据需要以及人们的喜好，采用不同的工艺建设和不同的结构、形式和风格，并且在不同的地区不同的气候、地质条件下有不同的建筑产品。

(2)建筑生产过程特点

建筑产品所拥有的施工场所固定、体型庞大、类型多样等特点直接决定了建筑生产在组织、施工过程中产生不同于制造业的特点：

①生产流动性。建筑产品的生产地点会随着工程项目地点的变动而变动，而不像传统的制造业拥有固定的生产车间、在固定的车间进行生产，建筑工人和机械要在工程项目的所在地进行同一产品的不同部分、同一工程的不同环节间的流动作业。因此建筑生产可能在一个国家的不同地方甚至国外进行施工，流动范围广，流动性大(不稳定性)。

②生产周期长。建筑产品体形庞大，需要消耗大量的劳动力、原材料以及资金，建设过程有明显的工序先后之分，并且在有限的施工场所进行施工容纳的劳动力有限，因此建筑产品的生产周期长，如在我国北方还需经历冬天施工的停顿，这势必会占用大量的人、财、物等资源，造成施工过程的复杂性。

③协作关系复杂。建筑业生产过程是一项需要共同生产的系统工程。建筑产品涉及面广泛，不仅要涉及材料、设备供应商，机械设备租赁商，劳务、工程分包商，设计商，监理商，业主等外部关系，而且涉及内部不同部门、不同工种之间的协调，因此需要在不同时期、不同地点和不同产品上组织不同工种、不同部门的人密切配合、协同综合作业，建筑产品影响因素复杂，建设符合顾客需求的产品需要各企业、各部门协同运作，可控性差。

从建筑业的生产特点及建筑产品的特点可以看出建筑业是一个分散度高的产业，大大小小的建筑施工企业、建材供应商、设计单位遍布全国各地，其规模小、竞争力差，这种分散的产业结构导致产业价值链复杂，整个行业的效率低下、生产成本高，从而影响价值链协同的效益。因此建筑企业更需要高效的价值链协同管理，整合产业资源，精简非增值链条，加强协作，从而实现产品的一致性管理，即不同类别、不同地域的产品实现质量同一性，树立企业品牌形象，并且进行规模经营，降低材料及劳动力成本。

(3)建筑施工企业经营特点

建筑生产和建筑产品的特点决定了建筑施工企业不同于一般的生产经营企业，其以工程项目为出发点，从承揽开始到最后交付项目产品，整个过程围绕项目，旨在为顾客提供满意的建筑产品。其生产经营特点如下：

①单件性。一般生产经营企业对产品进行批量生产，重复性强，而建筑施工企业的每一个项目都有其特定的目标和内容，每一个项目的生产过程都有独特的特点，必须进行单独生产。

②约束性。一般生产经营企业根据市场需求生产具有一定功能用途的产品，尽量生产接近顾客需求的产品，企业对生产产品的类型以及功能特点具有绝对的主导地位。而建筑施工企业根据顾客和业主的需求，按照合同目标进行产品内容、用途和功能的确定，业主和客户在产品生产过程中占据主导地位。

③目标性。一般生产经营企业生产产品的目标旨在获取更大的市场份额从而获取更多的收益，而建筑施工企业需要根据合同规定生产顾客和业主需求的具有特定目标的产品，产品功能、用途及内容有一定的目标性。

④不可逆性。建筑施工企业按照顾客和业主的个性化需求生产具有特定功能、用途的建筑产品，其固定性、体型庞大等特点决定了产品生产和交付在同一地点进行，其生产的投资巨大，从市场化招标成功后到生产出合格的产品过程不可逆，需要一次性成功，具有很大的风险。

(4)建筑施工企业价值活动识别

建筑施工企业的价值链活动组合创造出具有一定价值的产品，从而塑造出企业的竞争优势，但是不同的活动对产品的成本和功能特性影响不同。如图3-1所示，建筑施工企业价值链包括价值活动和利润，价值活动是构成企业主要经营活动的物质和技术的各项活动，是企业生产经营的主要支撑，而利润是总价值和总成本的差额，是企业进行各项活动的目的和动力。

价值活动包括基本活动和辅助活动，基本活动包括以下内容：

①项目承揽。在对所承揽项目进行可行性论证的基础上，通过各种措施

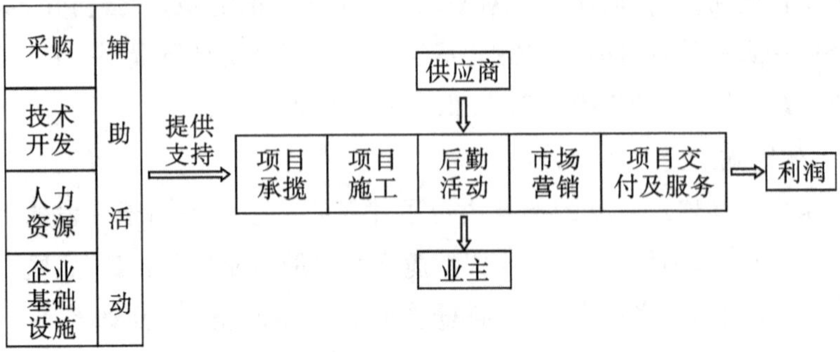

图 3-1 建筑施工企业价值链

和途径对项目情况和竞争对手情况进行信息收集和详细的了解分析，以制定灵活的竞标策略。在详细了解项目细节以及投标实质的基础上编制规范的项目投标书，提高中标率。项目承揽是建筑施工企业最重要的活动，是价值链的第一环节，企业的所有活动都是围绕承揽的工程项目而展开。项目承揽主要包括市场可行性分析、投标信息收集以及投标策划。

②项目施工。项目承揽后为了生产合同规定的产品而进行的项目工程建设相关活动，其旨在运用先进的技术和工艺，以最低的成本、最优的质量生产顾客需要的产品，并实现企业效益最大化。主要包括施工以及施工过程中的质量管理、进度管理、合同管理、安全管理、风险管理等。

③后勤活动。外部后勤是指为保证施工过程顺利进行而配套实施的各项必要活动，充分合理地对企业资源进行调配。主要包括材料、设备的按时准确调度，原材料购进，仓储以及发放，工程进度跟踪，竣工验收等。

④市场营销。建筑施工企业的市场营销主要是引导买方购买以及提高公司知名度而进行的产品宣传以及品牌营销等相关活动，以此提高企业的竞标能力以及在行业中的知名度。

⑤项目交付和服务。项目交付和服务是指工程竣工后的交付、验收、结算以及服务活动，即接受业主和政府部门的验收，并对价格的变动进行最后的决算。服务活动主要是指施工过程中的服务以及售后的保修跟踪服务，良好的服务活动对增加顾客价值，提升企业品牌形象和扩大市场知名度具有重要的作用，是价值链增值的必要活动。

基本活动中每一种活动对提升企业竞争优势的作用是不同的，对于建筑施工企业，项目承揽是建筑施工企业生存的基本条件，是其他活动的基础，是建筑施工企业培育竞争优势、提高竞争力的重要源泉。

辅助活动包括以下内容:

①采购。采购是指那些价值链投入的购买活动，旨在以最低成本、最优质量实现投入效益。建筑施工企业的采购投入主要包括融资、垫资、材料、监理单位、分包单位、办公用品等。

②技术开发。为了提高工程质量、缩短工期而采取的改善产品质量和工艺的努力活动。技术开发在建筑施工企业价值链活动中极其重要，它影响施工企业价值链竞争优势的形成。主要包括项目承揽阶段的招标策划，通过运用新技术提高中标率；项目施工阶段的新技术、新工艺以及新设备的应用，从而改善质量、缩短工期；项目从承揽到交付整个过程中流程的改进。

③人力资源管理。企业所有类型人员的招聘、培训、考核等活动。建筑施工企业中主要是指项目管理人员、施工人员、专业技术人员等的招聘、培训、绩效考核和薪酬管理等活动。通过对企业各类型员工的有效管理，提高其工作积极性、增加工作技能，从而为提高企业核心竞争力提供有力的支撑。项目管理人员、投标人员以及专业技术人员对企业主要价值活动的完成起到关键的作用。

④企业基础设施。主要指管理、计划、财务、法律等活动。建筑施工企业基础设施是为了实现企业整体目标而进行的战略经营等管理活动，主要包括质量管理、经营管理、财务以及法律相关事务等活动。

(5)建筑施工企业业务流程

建筑施工企业的基本活动是企业价值增值的主要业务活动，而辅助活动为了更好地帮助基本活动的实施提供有利条件。建筑施工企业的主要业务流程为：项目需求的形成—项目承揽—项目施工—项目交付及服务。首先企业凭借丰富的经验、良好的施工能力和较低的价格成本进行招标承揽工程项目，然后进行施工直到最终交付项目。整个过程需要各个部门及各个价值链企业协调运作，及时收集信息，提高管理水平，从而最大限度以最低成本按时按质完工。

根据价值链管理理论。基本活动为顾客创造产品、提供服务，进行价值的直接创造，而辅助活动是支持基本活动的顺利完成，更好地实现价值创造。建筑施工企业价值创造流程如图 3-2 所示。

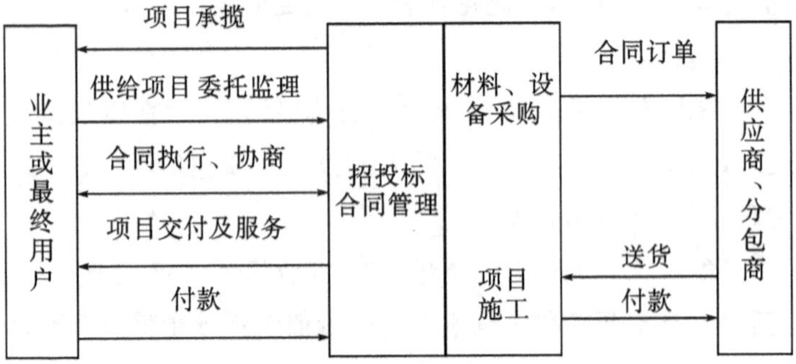

图 3-2　建筑施工企业价值创造

在整个业务流程中，企业实现了价值的创造和增值，建筑施工企业的业务流程构成完整的价值实现链条，即价值链。由于建筑业不同于制造业，因此建筑施工企业价值链具有特有的特征：

①价值链以订单为驱动。建筑施工企业价值链活动以客户需求为驱动，在客户的需求驱动下进行价值活动的实施，活动过程以合同和协议为联系纽带，而要在合同规定的时间内以最低的成本、最好的质量完成合同项目需要价值链上所有成员的密切配合，在信任、合作、信息共享的基础上实现合同任务的顺利完成。

②价值链的不确定性。建筑产品体型庞大，建设周期长，因此存在很大的不确定性。主要表现在以下几方面：一是材料供应商的不确定性。建筑企业的材料需求品种多、数量大，包括土、砂、石、木材、钢材等以及内部装饰材料，由于一些不确定因素影响将会导致工程延误和成本增加，因此供应商的按时按质供应将为工程项目的顺利完成提供保障，对供应商进行管理是价值链管理的关键环节。二是信息的不确定性。由于牛鞭效应的存在，价值链间企业会产生信息的失真从而造成企业间的沟通困难以及不准确的市场预测。

③价值链的动态性。建筑施工企业的价值链通常以项目为核心，随着项目的完成，参与各方的合作关系解除，所以其价值链具有明显的动态性，价值链的协同合作仅是项目型的临时合作，增加了企业间的信任和沟通障碍。

④价值链的复杂性。建筑施工企业价值链参与方众多，建设规模庞大，结构复杂。价值链系统包括材料设备供应商、监理单位、设计单位、业主、结

构和水电等专业建筑商、政府、银行等，因此沟通协调难度较大，这为价值链协同运作的管理造成了困难。

⑤价值链管理困难。建筑施工企业价值链企业之间信任度低，为了各自自身利益而进行信息和资源的自我封闭，如业主担心施工企业偷工减料，而施工企业担心业主拖欠工程款，因此增加了价值链企业间的信息壁垒和沟通障碍，当工程施工中出现问题不能很好地沟通解决，从而导致工程的延误以及成本的增加。并且承包商不能在早期的规划设计阶段参与工程项目，对价值链的高效运作管理产生障碍，施工企业为了承揽到工程项目采取低价策略从而很难实现价值链管理的双赢和多赢。

3.1.2 建筑施工企业价值链竞争环境

建筑业是国民经济的重要组成部分，建筑业的良性发展促进国民经济的又好又快发展。建筑行业的竞争环境主要指宏观商业环境、行业竞争环境和内部环境。宏观商业环境是对企业产生影响的各种外部环境，主要包括政治法律、经济社会、资源环境等因素。宏观商业环境是不断发展变化的，一般不可控制，因此本书主要分析行业竞争环境和内部环境。

(1)行业竞争环境

按照波特的观点，一个行业的激烈竞争，根据在于其内在的竞争结构。在一个行业中存在五种基本的竞争力量，即行业中现有企业间的竞争、新进入者的威胁、供应者讨价还价的能力、用户讨价还价的能力、替代品或服务的威胁，如图 3-3 所示。这五种竞争力量的现状、消长趋势及其综合作用强度，决定了行业竞争的激烈程度和行业获利能力。

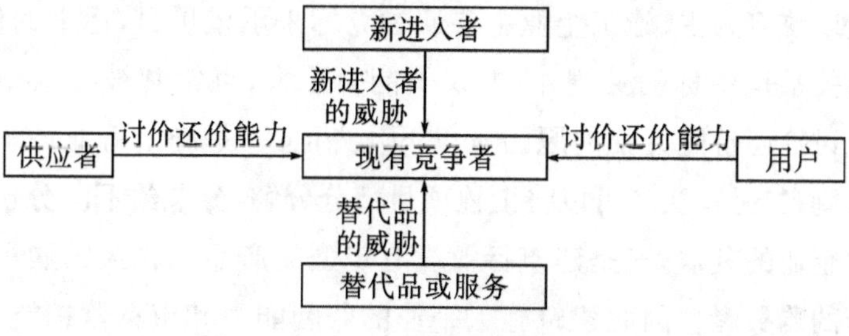

图 3-3 行业竞争结构图

①上游供应商讨价还价能力。建筑施工企业主要上游供应商为工程设

备、原材料制造厂商以及分包商，建筑施工企业与上游供应商有长期买卖关系，但是通常不签订长期合同，根据项目进行即时采购，价格随行就市。因此供应商可以通过提高材料、设备价格或者降低服务质量来提高自己的讨价还价能力，导致下游企业利润降低。由于建筑行业与其他产业联系不密切，材料和分包商市场供应充足，因此建筑业的供应商讨价还价能力相对于其他产业来说较弱，建筑施工企业可以通过长期合作及规模采购获得一定的价格优惠。但是在国家政策的变动、自然因素影响等条件下，供应商的讨价还价能力可能会提高。

②行业中现有企业的竞争。产品的同质化以及中国建筑业的低集中度导致建筑业的竞争对手众多，竞争激烈，大部分建筑施工企业通过盲目压低标价承揽工程，从而导致建筑企业利润降低，资产负债率居高不下。一部分企业通过扩大经营规模来获取有利地位，然而由于建筑市场的无序竞争，企业仍然产高利低，严重影响我国建筑业的健康发展。随着经济全球化的发展，大量的国外建筑承包企业纷纷涌入国内，国外建筑施工企业凭借先进的技术开发能力、高效的综合管理能力以及雄厚的资金实力占据市场份额，我国企业很难与之抗衡，难以适应激烈的市场竞争和国际化经营的需要。但是与国外企业相比我国建筑施工企业有一定的竞争优势：国内劳动力的低成本以及多年的人际关系和市场运作网络，在局部细分市场上拥有很强的优势。因此国内建筑施工企业需要加快机制创新，积极引进国外先进的施工和管理技术，加快资源整合和战略重组，积极适应国际化的发展。

③购买者讨价还价能力。业主或建设单位是建筑施工企业的主要购买者，铁路基建业业主主要为中央政府，公路隧道项目主要业主是地方政府，海外项目也以政府为主，施工企业主要通过竞标来承揽项目，标书的价格和质量及政府关系是中标的关键，买方议价能力强大，且常常被要求垫资施工。其购买者讨价还价能力强的原因有以下几方面：一是施工行业竞争激烈，企业相对过剩；二是购买者可以将工程项目部分分解，分包给下游分包商，损害施工承包企业的利益；三是建筑行业没有定型的产品和长久的购买者，每次都面临新的购买者。因此建筑施工企业的获利能力和市场营销能力受到严峻的挑战。

④新进入者的威胁。新进入者的威胁是指新进入产业的同行企业侵蚀

利润的可能性。威胁程度由进入壁垒决定，进入壁垒从以下方面进行分析：从技术角度来讲，建筑施工企业的技术含量低，属于劳动密集型产业，因此进入壁垒低，原有企业可以通过改进工艺和技术来提高工程质量、降低成本，从而阻止新进入者；从规模角度来讲，由于建筑施工企业通过扩大规模来提高市场占有率，降低成本，而新进入者规模较小、成本较高，因此有较高的进入壁垒；从资本要求来讲，建筑施工企业由于需要支付大量的履约保证金甚至垫资施工等，需要投入大量资金，因此对新进入者形成较高的进入壁垒；从政府政策角度来讲，建筑施工企业要凭借良好的业绩以及一定数量的职业资格人员来获得施工资质。此外，不同的施工作业进入壁垒不同，铁路、港口、高难度桥梁和隧道以及其他高端建筑领域，由于对技术和设备要求较高，项目复杂，新进入者较难对占据市场主导地位的已有企业构成威胁。其他低端市场如一般公路、市政养护领域目前进入门槛不高。从政府政策要求分析，新进入者必须取得相应的施工资质，才能从事相应的工程项目承包或劳务作业。取得资质并非易事，要有足够的业绩和相应的职业资格人员，并根据这些条件划分了特级、一级、二级、三级四个级别的总承包业务，将工程项目的大小和企业资质情况进行了分层分隔。但从目前情况看有两种情况，一是建设行政主管部门对资质审批的严格性，二是新进入者借用现有竞争者资质进入施工领域等问题受到质疑。

⑤建筑替代品的威胁。社会上基建行业的地位不可能被替代，无论是社会变革还是技术革新，因此建筑业没有替代品。

(2)内部环境

内部环境是指企业的治理结构、组织方式、战略文化、核心竞争力等内容。企业的内部环境体现了企业的竞争实力，决定其生产运营效率和在横向价值链中的竞争地位。通过对企业内部环境的分析可以发现企业的优势和劣势，从而利用优势、规避劣势，提高价值链效应的发挥。

通过对建筑施工企业内部环境进行分析，发现内部优势和劣势，从而更好地管理价值链。内部优势主要包括企业拥有良好的成本控制和管理能力、高素质的管理人才和工人队伍、先进的工艺技术等；内部劣势主要包括企业运营的高成本、管理方法和工艺技术的落后、人才流失率高等。建筑施工企业要充分考虑企业内外部优劣势，制定合理的发展战略以提高协同效率。

除了上述竞争环境外，建筑企业还要和设计商、分包商、监理商、业主以及政府部门和监管机构、银行和保险机构等进行合作，这些机构都会对企业的竞争力和协同效率产生影响。

政府部门在项目顺利完工的整个建设过程中发挥着重要的作用，政府的法律和法规、产业政策以及政府建立的专门的建筑企业监管部门会对建筑业产生巨大的影响；业主是工程项目的所有人，负责工程项目全过程的管理；政府监管机构主要对项目进行审批、检查、验收等；银行是建筑企业获得资金的主要渠道，建筑企业可通过银行的出口信贷方式提高承揽国外工程项目的能力并且还可以解决对外承包项目的担保问题；而保险机构是对施工过程产生的风险进行转移的主要渠道，因此建筑施工企业需要与以上单位建立良好的合作关系，从而提高企业的竞争实力。

3.1.3 建筑施工企业价值竞争优势分析

(1)建筑施工企业价值增值分析

在建筑施工企业价值链协同中价值创造主要由顾客价值、核心能力以及企业间协同关系决定，下面对这三方面的影响因素进行探讨。

①顾客价值分析

顾客价值是指顾客从购买某一产品或服务中获得的利益与为取得这一产品或服务的费用以及使用过程中产生的预计费用的总和的差额。差额越大说明顾客获得的价值越多，顾客满意度越高。顾客价值是实现公司价值的前提。波特教授认为，从根本上说，竞争优势来源于企业能够为顾客创造超过竞争对手的价值。建筑施工企业价值链以业主为驱动，即建筑施工企业在为业主创造价值的基础上实现企业利润和价值增加。因此，建筑施工企业要以“为业主创造价值”为理念、采用各种方式增加业主价值以实现企业价值增值和竞争优势的培育。

Kotler 提出了顾客让渡价值理论，将顾客让渡价值定义为整体顾客价值与整体顾客成本之间的差额部分，如图 3-4 所示。整体顾客价值代表了顾客期望从给定的产品和服务中所得到的全部利益(即感知利得)，而整体顾客成本是顾客为取得产品和服务所付出的所有代价(即感知利失)。

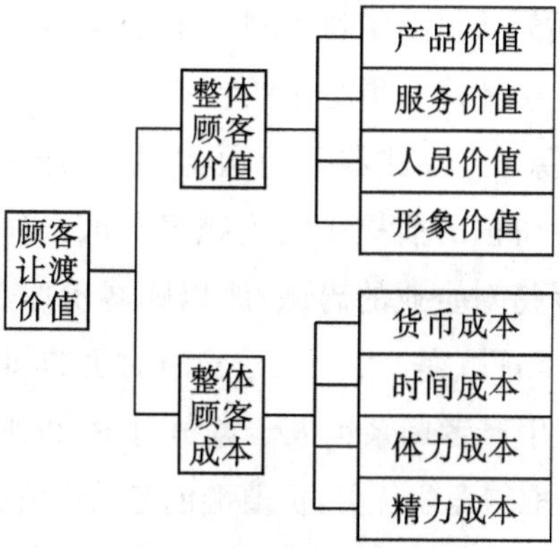

图 3-4 顾客让渡价值模型

根据顾客让渡价值理论，企业增加顾客价值的具体途径有两个：一是增加整体顾客价值，途径包括改进产品、服务、人员或形象利益等；二是降低整体顾客成本，途径包括降低顾客的货币、时间、体力和精力成本等。企业为顾客让渡的价值越多，顾客购买产品的动机越强，从而市场越稳定，企业价值也就越大。

顾客购买产品的感知利得大于感知利失时，才会觉得合算，两者的差额称作消费者剩余，消费者剩余最大的商品才能成为顾客购买的目标。

从图 3-5 可以看出：

价值链创造的价值=顾客感知利得−生产者成本−顾客非货币成本，(3-1)

顾客价值=顾客感知利得−顾客货币成本+顾客非货币成本，(3-2)

企业价值=价值链创造的价值−顾客价值。

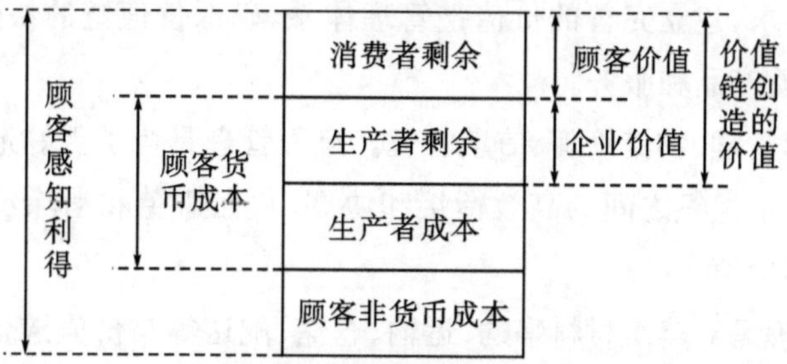

图 3-5 价值链创造的价值构成

价值链创造的价值包括顾客价值和企业价值，创造的价值必须在消费者和生产者之间进行分配。显而易见，企业要生存，必须创造出正的价值，而要想取得竞争优势，必须创造出高于竞争对手的价值，只有这样，消费者才能对企业产品更忠诚，企业也才能获得更多的利益。

顾客的满意度来源于产品或服务为顾客创造的价值，它决定了顾客对企业的忠诚度，实现企业价值的前提是实现顾客价值。只有当顾客价值超过竞争对手时，顾客才会保持对企业的忠诚，所以顾客价值是定性的，不是由企业可以随便调整的。在保证顾客价值不低于竞争对手的同时，如何实现企业价值的最大化，就必须保证生产者剩余也大于竞争对手，否则企业就有可能退出该价值链。所以，企业要取得竞争优势，价值链创造的价值就要高于竞争对手。

顾客的需求是在不断变化的，顾客的需求决定着市场供应，供应决定着生产，企业在为顾客创造价值，同时顾客的行为选择也在为企业创造价值。从这个意义上讲，顾客指挥价值链的生产。顾客不仅指挥价值链的运作，而且也参与价值的创造。随着体验经济的流行，越来越多的顾客在消费产品的同时，也参与到价值创作活动当中，比如现在流行的观光农业，游客可亲手采摘，极大地扩展了农产品的销售渠道，降低了企业的成本，为企业创造了更多的价值，顾客价值也得到了极大的满足。

基于价值链协同管理的顾客价值创造过程以业主需求为导向，通过良好的企业内外协同管理实现顾客价值最大化。

(a)以业主需求为导向。建筑施工企业以业主的需求为拉动，实现整个施工过程的信息流、物流和资金流的流动，整个业务运作流程是为了更好地满足顾客的需求，从而在增加业主价值的基础上实现自身价值的增加。建筑施工企业要随时根据业主需求调整产品和服务，积极响应业主对建筑产品质量、工期等要求，建立完善的价值链管理体系，确保价值链的快速持续响应、保证提供优质产品和服务。

(b)流程管理、物流管理、信息管理。流程管理是为了更好地实现价值链各个环节、各个组织之间的高效衔接和协调，从而避免和消除价值非增值活动，增加顾客价值。

物流管理是对建筑材料采购、运输、仓储、配送等与价值链企业合作实现集成管理，提高管理效率、降低成本。建筑企业可以通过批量采购、联合采购、供应商关系管理、优化采购业务和改进采购流程等方式提高物流管理效率，保证生产的无停顿、高效率运行。

信息管理是应用先进的信息技术促进企业业务流程的高效管理，从而提高管理效率、节约时间和成本。信息管理以互联网和先进的信息系统如客户关系管理系统（CRM）、企业资源计划系统（ERP）等作为支撑，实现信息的快速流动和即时共享，从而快速响应业主需求，为业主提供最大让渡价值。

②核心能力分析

根据价值链理论，为了提高价值创造能力，企业要获取整合价值链活动，精简和消除非增值活动，培育企业核心能力即核心竞争力，从而保持持久竞争优势和价值链的高效协同。

（a）核心能力的概念。Philip Selznick 提出一个企业比其他企业做得更好的来源是其特殊的能力，也就是“独特竞争力”。Prahalad 和 Hamel 在此基础上提出能力和竞争力的集合就是“核心能力”，至此核心能力理论受到越来越多的学者的关注，开始从知识管理、企业资源理论等不同角度对其形成机理进行了更深入的研究。

根据 Prahalad 和 Hamel 提出的核心竞争力的“树型”理论，核心竞争力对于一个企业的发展具有重要的作用。企业是一个能力和资源的集合系统，而其差异就是竞争优势的来源，核心能力就是给企业带来持续竞争优势的技术以及资产等的集合。企业可以通过自己最核心、最根本的能力向外辐射，影响和作用于其他能力，影响其他能力的发挥。核心竞争力的本质是企业拥有的特殊的知识能力和资源，通过这些特有的能力和资源获取企业的持久竞争优势和提升价值创造的能力。价值链也有能为其带来持续竞争优势的核心能力，价值链核心能力是所有协同企业核心能力的整合和升华，不仅包括各个企业的核心能力，而且包括企业协同运作所创造竞争优势的技能。

（b）核心能力与价值创造。企业价值的创造在于核心能力，良好的核心能力可以提升企业竞争力，保持核心竞争优势。

首先，核心能力是企业在长期的经营中形成的具有独特优势的能力，是其他企业很难模仿的，因此核心能力可以保持企业持久的竞争优势。其次，具有核心能力的企业可以通过提高产品的质量、降低价格来为顾客创造更多的让渡价值，通过提升顾客价值来提高市场份额，增强顾客忠诚度，从而为企业和价值链创造更多的价值。最后，核心能力强的企业凭借技术、管理、资本等方面的优势而在市场中占有重要地位，增大了在市场交易中的议价空间，从而会获得比竞争对手更多的价值，“核心能力是价值增值的驱动，价值增值是核心能力的结果”。

运用价值链分析法确定建筑企业的核心竞争力，首先要了解企业的资源状况和价值链活动运作状况，培养和提升价值链中的关键活动和战略活动的运作能力，从而形成企业的竞争优势，并将企业的知识和资源集中运用在这些环节的竞争优势培育中，把不属于核心能力的活动分离或外包给其他专业化企业，以此巩固和加强企业的核心竞争力，提高其在行业中的竞争地位。

在价值链协同企业选择过程中要充分了解合作伙伴的核心能力和资源水平，尽量选择具有良好的技术优势、生产工艺优势或质量优势的企业，从而实现价值链企业的强强联合，并通过优势互补，强化各个价值链企业的核心竞争力，为整个价值链创造更多的价值。

③企业间相互关系

(a)价值链协同关系界定。价值链协同体系是一系列相互联系、相互作用的企业之间以及客户之间联结在一起形成的动态价值创造体系。它们之间为了增强价值创造能力、获得更多的价值和利益而相互合作，形成了短期或长期的合作伙伴或战略联盟关系。

(b)合作关系与价值创造。良好的合作关系对价值创造具有以下方面的作用：

第一，有利于合作方增加投入，特别是关系专用性资产。价值链协同运作需要不断地投入资金、设备等物质资源和管理、信息、品牌等无形资源，投入资源越多，对价值链越忠诚，价值链协同的意愿也越强，价值链可整合的资源也越多，从而提高价值链协同运行的效率，提高价值创造能力。

第二，有利于降低协同风险。企业投资越大，风险越大，而良好的协同合作关系可以降低企业的机会主义行为发生，增强对环境变化的响应能力，从而增强企业投资意愿和协作的信心，降低协同风险，为企业和价值链创造更多的价值。

第三，有利于降低交易成本和协调成本。由于协同企业的有限理性、信息不对称等导致某些企业投机行为的出现，增加企业间的沟通、监督和协调成本等交易成本，并且价值链协同企业间的文化制度、管理模式、发展战略等都不相同，因此需要建立完善的、统一的协调机制导致协调成本增加。良好的合作关系可以增加彼此间的信任，提高协同意愿，减少机会主义行为的发生，从而降低协同运作的交易成本和协调成本，增加企业和价值链价值。

传统的建筑企业合作关系是供应商与承包商、承包商与业主之间一方让利一方受益、基于价格和利润挤压的博弈关系，其价值链是一条博弈链。而价值链协同管理模式是一种建立在正式或非正式协议基础上的增值链，各个企业根据自己的目标理性地选择合作企业，建立以信任为基础的合作双赢的战略联盟，整个价值链的增值是每一个价值链成员的努力共同作用完成的，任何一个成员企业的失败或受损都会影响整个价值链，价值链协同是一种“一损俱损，一荣俱荣”的共生共赢的关系。因此，价值链协同企业不是孤立存在的，而是一个互相影响、互相作用的价值链系统整体，要通过整个价值链系统中各企业的关系中寻找降低成本、提高产品质量、增加价值创造能力的方法。

建筑施工企业价值链协同企业要树立正确的合作竞争意识，建立利益共享、风险共担的多赢价值链战略联盟合作关系，有效提高价值链的运作效率，共同创造具有持久竞争优势的价值增值链。建筑施工企业要选择可以为顾客创造最佳价值的协同企业，通过长期合作建立战略合作伙伴关系，形成供应商、设计商、施工企业和业主的最优组合。在投标报价中，与材料、设备供应商企业共同参与，掌控价格动态，提高报价质量，缩短报价时间，从而节省交易费用，降低工程项目总成本，为顾客创造更多的价值。

④价值链治理

(a)价值链治理的概念。价值链治理是指通过价值链来实现企业之间的关系和制度安排，进而实现价值链内部不同主体间经济活动和合作区域的协调。

建筑施工企业纵向价值链形成以资金、实物、技术、人力等资源为纽带，企业通过交易关系实现其协同运作，并处于不断地更新中，是一条动态稳定的价值链。建筑施工企业横向价值链是企业间以信任、协议或契约结成的合作关系，一般没有实物等资源交易的约束，因此退出相对容易，其治理模式应该是一种协商民主式的治理模式。

(b)价值链治理与价值创造。首先，价值链治理对企业的协同关系产生重要的影响。良好的企业协同关系可以创造更多的价值，而良好的价值链治理模式可以巩固、完善企业的协同关系。价值链协同中每个企业都是价值链治理的主体，而价值链治理的客体就是企业间的协同关系，包括协同管理制度、利益分配制度、冲突协调制度等。因此要建立良好的价值链治理模式从而形成良好的企业协同关系，提升价值创造能力。

其次，价值链治理提高价值的响应速度。随着社会经济、技术等环境的变化速度加快，企业必须依靠建立价值链来提高自身的竞争实力，保持持久的竞争优势。通过组成价值链以及完善的价值链治理模式，企业可以快速、全面地收集市场信息，整合价值链资源以弥补自身的不足。然而由于价值链是由具有不同利益诉求的企业组成的一种松散的组织，某些行为的发生需要牺牲一些企业的利益，决策过程需要大量的谈判，因此通过价值链治理建立完善的价值链协同管理制度，可以大大降低价值链的决策成本，提高价值链协同效率，从而发挥价值链协同的整体运作优势，提高价值链响应速度和价值创造能力。

⑤价值创造影响因素之间的关系

顾客价值、核心能力、合作关系和价值链治理是价值链价值创造的驱动因素，它们四者之间相互作用、相互影响，构成一个有机整体(如图 3-6)，共同驱动企业价值的创造。

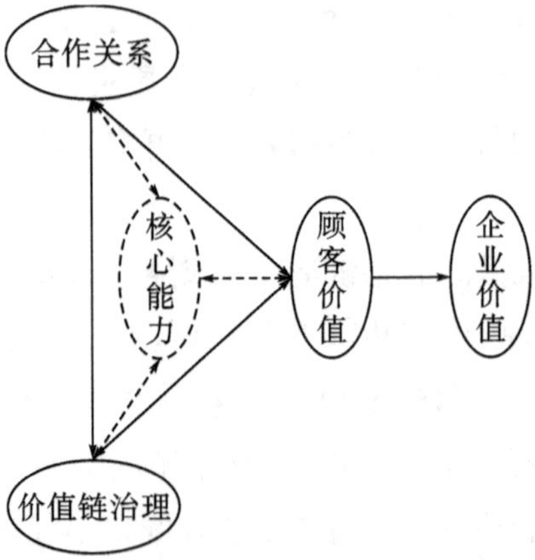

图 3-6　价值链的价值创造驱动因素体系

3.1.4　建筑施工企业竞争优势培育

通过对价值链增值来源分析，企业形成竞争优势的途径有三个：第一，创造顾客价值空间；第二，进行准确定位，培育核心能力；第三，与横向和纵向价值链企业结成战略联盟，进行协同运作。

(1)创造顾客价值空间

企业的主要目的是为顾客创造满意的价值，如果一个企业可以以同样成本为顾客创造比竞争对手更多的价值，那么这个企业无疑会获得竞争优势而受到顾客的青睐。

顾客的价值空间主要有三个来源，即效用(performance)、价格(price)和个性化(personalizasion)。效用价值空间是指根据顾客需求，生产符合顾客效用价值的产品；价格价值空间是以最低的货币价格生产顾客需求效用的产品；个性化是指容易接近、迅速回应和培养关系，在顾客效用价值实现的过程中，通过建立良好的亲近的关系，对顾客个性化需求进行实时的回应。以上三个因素解释了顾客想从企业获得的价值。建筑施工企业应以低价格为顾客创造符合顾客需求的建筑产品，并在合作的过程中通过有效沟通建立良好的合作关系，并提供良好的服务，不断扩大顾客价值空间，从而获得持久的竞争优势。

(2)准确定位，培育核心能力

价值链上的各环节资源能力、利润分布是不同的，企业所从事的价值链环节活动对企业自身的价值活动以及对整个价值链的控制程度和盈利水平产生影响。并且价值链战略环节会随着技术的进步、消费结构和经济环境的改变而发生变化，即价值和竞争优势在不同链节中转移，因此企业要正确评估自身能力，准确定位自己在价值链中所从事的环节，并整合企业以及价值链资源培育企业核心竞争能力。

价值链定位的有效方法有利润库(profit pool)分析法，利润库是价值链上各个环节的利润总额。利润库分析法即企业要仔细分析价值链各个环节的利润分布情况，选择价值链中现有或潜在的、有利可图的价值活动，决定其资源的配置方式，从而实现对利润库利润额控制的最大化。并且企业还可以利用利润库分析法研究行业价值链价值转移规律，从而对未来价值链各环节利润分布情况作出预测，准确转换企业定位，创造持久的竞争优势。

(3)与价值链上企业结成战略联盟

价值链是以最终顾客需求为目标而组成的利益共享、风险共担的集成系统，各个价值链企业相互影响、相互作用形成了价值链战略联盟，通过相互协同运作，实现低成本和高效益，从而培育企业各自的竞争优势和整个价值链的竞争优势。

①战略联盟的成本优势获取。战略联盟通过彼此信任实现协同运作，充分利用企业内外资源，实现规模经济和范围经济效应，在更大范围和更高层次上提高企业经营效率，最大限度降低成本，创建低成本竞争优势。

②战略联盟的差异化优势获取。企业通过与战略联盟企业合作和沟通，重新配置企业资源，在某个环节创造客户需要的独特价值，从而创造企业的差异化竞争优势。

建筑施工企业竞争优势培育具体战略和措施如下：

(1)差别化战略

差别化战略是企业在全产业范围内形成自己独特的、无法替代的产品或服务，从而获取一定的竞争优势。建筑施工企业的差别化战略旨在选择某一个工程建设领域作为企业的主要业务，在此领域整合企业所有资源进行施工工艺以及施工技术的改进，从而形成专业的施工能力和施工经验并不断地改进，生产具有企业特色的建筑产品和施工服务，使其他企业无法在短期内模仿和超越。

差异化战略需要核心能力作为支撑，并不断对核心能力进行深化和提升，防止竞争对手在较短的时间内进行模仿和超越而失去竞争优势，从而保持企业的持久的竞争优势和较高的利润水平。

(2)成本领先战略

成本领先战略是通过先进的管理技术或施工技术等获得同类产品比竞争对手更低的成本。建筑施工企业根据内部条件和外部环境，正确定位企业的战略目标，分析和判断企业各个价值活动的成本费用，从而准确定位企业的成本目标，通过加强企业内外部管理，运用先进的技术、管理模式以及完善企业服务等整合优化企业内外部价值链，最大限度地将企业内部运营成本和建筑产品成本降到最低，在同行业中形成成本优势使成本处于领先地位，以保证企业长期生存和不断发展，取得竞争优势。

建筑施工企业需要消耗大量的资源，成本较高，因此对于大部分中小建筑企业来说实施成本领先策略可以有效提高企业的竞争力。但是此战略的实施不是通过压低标价的低工程成本战略，而是建立在价值链基础之上的通过精简和消除企业非增值活动，重组和优化企业业务流程来降低整个企业的生产运作成本的战略。

(3)目标集中战略

目标集中战略是选定一个特定的顾客群体或者细分市场，实行以上两种策略。对于建筑施工企业来说，由于建筑施工企业的机械设备和材料迁移费用大，建筑市场广阔，投入资金、管理力量以及施工现场固定、施工周期长等限制，建筑施工企业只能选择几个区域进行经营，并且开拓新市场需要消耗大量的人力和物力，因此目标集中策略在建筑施工企业战略中有两个含义：一是市场集中在一定的地域，建筑施工企业需要集中精力开拓和经营好一个或某几个地域市场；二是建筑施工企业在专业施工中的市场集中，即建筑施工企业以某一个专业领域的施工为主，专注于某个工程项目施工的某个环节。

建筑施工企业通过一体化服务、优化采购供应链、优化劳务供应链、整合外部优势资源及为业主合理融资或垫资等方面来获得价值增值，如表 3-1 所示。

表 3-1 价值增值来源分析

增值途径	价值增加来源	策略选择
一体化服务	1. 从专业的角度为业主进行项目立项和可行性研究，了解客户的真正需求，对项目投资决策提出合理化建议，降低业主的投资风险 2. 在设计阶段，通过设计—施工一体化服务，参加设计对施工的指导职能，使设计方案更加合理，降低投资成本，减少设计变更的机会	1. 建立“大营销”观念，通过广泛开展营销活动，争取在价值链各个环节都与业主建立沟通关系，为业主提供一体化的服务 2. 提升企业在价值链各个环节的服务能力 3. 提升总承包能力，开展一体化总承包业务
优化采购供应链	运用价值工程理论公式：价值=功能/成本，通过功能与成本的相对调整来提高原始价值 1. 材料或者功能不变，更低的成本 2. 材料或设备功能增加，更低的成本 3. 材料或设备功能略微下降，成本大幅度降低	1. 多种采购方式：招标采购、错季采购、厂家直接采购、零库存采购、网上采购等 2. 规模采购：确实履行集中采购的职能，在此基础上实施以业主重点城市为中心的区域集中采购，构建区域采购中心，逐步向全国及全球统一采购过渡 3. 与供应商建立良好的战略合作伙伴关系，共同促进建材品质提高和成本的降低 4. 一体化经营，将业务延伸到建材业

续表

优化劳务供应链	提高劳务熟练程度，降低劳务成本	1. 用招投标方式选择若干优秀的劳务专业分包商，并与其建立战略联盟 2. 在业主重点城市与当地政府签订合作协议，建立劳务基地 3. 在业务集中的地区选择具备劳务资质、信誉度高、运作规范的劳务公司
整合外部优势施工资源	通过将一些本企业不具有竞争优势的专业施工分包给专业化的施工企业，可以缩短工期、提高质量、降低成本	1. 建立一个稳定、强大的社会专业施工服务网络 2. 加强对外部施工资源的协调和整合能力
为业主合理融资	利用企业的专业知识协助客户做好项目前期的策划、论证和投融资等可行性分析，使企业的被动风险项目转化为可控制的主动风险项目，并且为具有主动风险的投资项目垫资，降低客户风险，帮助客户度过资金暂时短缺的困难期	1. 提高资金实力和融资能力 2. 加强识别垫资的性质，是主动风险还是被动风险 3. 加强项目投资可行性研究的能力
内部管理	控制内外成本、长期短期成本、战略和非战略成本	1. 塑造以成本为中心的企业管理文化，注重细节，严格管理 2. 建立完善的成本绩效考核制度

表 3-1 分析了建筑施工企业价值创造的途径以及方法，主要是通过降低成本、增加功能来提高企业的价值，具体表现为缩短工期、提高质量、降低业主风险等方面。建筑施工企业通过创造业主的价值从而实现自身价值的创造，通过以上方式来控制和整合内外资源获取竞争优势、形成核心竞争力，从而增加顾客价值。但是也不仅仅局限于以上方式，建筑施工企业应该从价值创造的各个活动来挖掘价值增值的方式从而提高自身的竞争优势。

3.2 建筑施工企业价值链系统分析

3.2.1 建筑施工企业价值链系统的结构分析

建筑施工企业价值链是指建筑产品施工过程中不同企业承担不同的价值创造职能活动，通过与上下游以及同行业企业之间的协同运作，实现最终产品和工程服务的各环节的分工协作关系。建筑设计商将业主和最终客户的需求转化为可视化的图纸方案，材料设备供应商和专业的劳务和工程分包商为总施工承包企业提供产品和工程服务，建筑施工企业内部各部门协调运作并与同行业企业进行竞争合作，所有的价值链企业围绕工程项目形成相互影响、相互联系的价值增值系统，如图 3-7 所示。

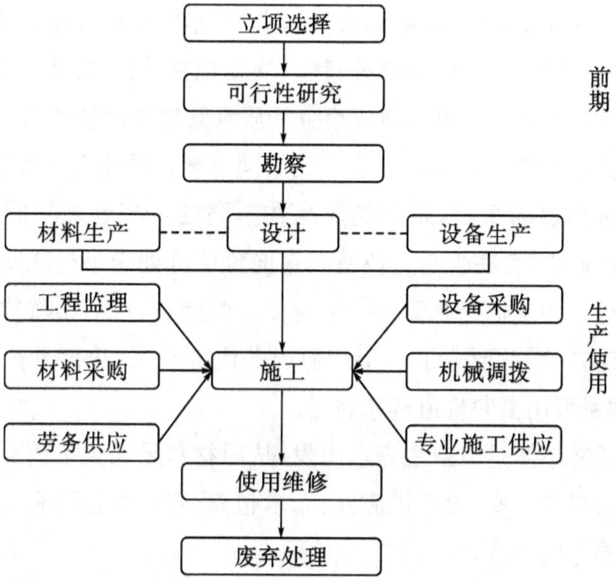

图 3-7 建筑施工企业价值链

建筑施工企业价值链系统主要包括企业内部各职能部门组成的内部价值链系统、同行业企业组成的横向价值链系统和上下游企业组成的纵向价值链系统（如图 3-8）。

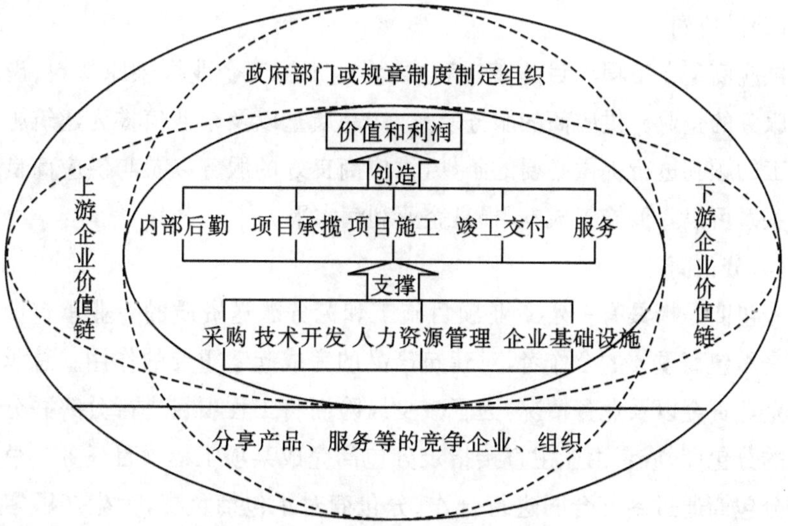

图 3-8 建筑施工企业价值链系统

内部价值链系统是由企业内部创造价值的基本活动和辅助活动以及其运作过程中的影响因素相互作用组成的企业业务完成的，各个活动相辅相成、彼此协作，为企业的共同目标协同运作。基本活动即项目承揽、内部后勤、项目施工、项目竣工交付及服务；辅助活动包括采购、技术开发、人力资源管理和计划、财务、会计、法律、政府事务和质量管理等大量活动。

横向价值链系统是在同一产业中处于同等地位的相互竞争合作、相互影响的企业链所构成的系统，是同类产品在不同的生产者之间的价值运动过程。在同一产业中，存在着与企业所在纵向价值链处于平行或交叉地位的若干纵向价值链。如果把企业看作一个整体，这些纵向价值链就构成了一个新的有机体，其间的联系形成了一个产业内的内部联系，决定着产业内的竞争格局，这种联系可用横向价值链来表述。

纵向价值链系统是以业主需求出发，从原材料采购到工程交付的整个过程中涉及的材料供应商、设备供应商、总承包商、劳务分包商和工程分包商所组成的相互协作的系统。

(1)总承包商

总承包商是指在协议中约定的具有建筑项目施工主体资格的当事人，或者是当事人的合法继承人。承包商按照标书文件与业主签订建筑施工合同，对建筑产品施工开始到交付验收完工的整个过程进行全面负责管理。

(2)供应商

供应商是在工程项目施工过程中，为建筑施工企业提供原材料、设备及租赁服务的企业。供应商的服务质量、产品质量以及企业信誉为建筑施工企业施工的顺利进行提供必要的条件，供应商良好的服务以及与供应商良好的合作关系可以降低施工成本，提高企业利润水平。

(3)分包商

分包商是指具有一定专业项目施工和劳务派送资质的专业承包商。分包商是承包商重要的合作者，对建筑产品的完成起着重要的作用。总承包商根据企业资金以及业务情况，为了减少风险而将工程项目进行分解并分包给专业的分包商，或者由业主直接指定分包商完成某项工程项目任务。总承包商与分包商通过签订合同进行合作，分包商对承包商负责，为生产顾客需求的产品而协同运作。

(4)建筑施工企业

建筑施工企业就是围绕工程项目开展的旨在为业主生产符合要求的建筑产品,在实现客户价值的过程中实现企业的价值创造。建筑施工企业通过工程项目与供应商、分包商以及业主形成围绕工程项目相互联系、相互协同运作的价值系统,从而为业主提供优质服务。

建筑施工企业是价值链中的组织者,作为产品和服务的集成商,提供价值创造平台。价值链组织者有两个关键作用:一是创建持久和忠诚的客户关系;二是培育组织和维持价值链内部的关系。价值链组织者依赖于供应商和分包商来形成产品或向客户交付其希望的产品或服务,并进行最优化的协调,保证价值链中各因素的紧密集成和持续、高质量地提供产品或服务。

(5)业主

业主是建筑产品需求的建设者,是纵向价值链的驱动源。纵向价值链企业以业主需求为目标,形成相互协同的运作体系为最终以高质量、低成本完成业主需求产品而努力。以业主和最终用户为中心的企业相互协同运作形成了业主价值网,实现客户价值和价值链价值的创造过程,如图 3-9 所示。

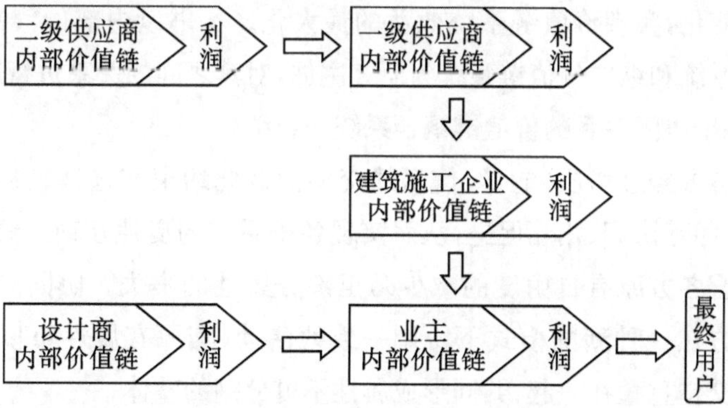

图 3-9 业主价值网的简化模型

(6)最终用户

最终用户是价值链产品的使用者,是价值链协同的终端,也是价值链的战略核心和价值创造的源泉。建筑施工企业按照最终客户的需求进行设计施工,通过满足最终客户的需求来实现价值链的价值。

价值创造理论认为,企业欲取得竞争优势并使企业价值增值,必须在创造价值方面比竞争对手做得更好。在建筑业价值链整个系统中,供应商、总承包商以及分包商等将共同合作创造价值。这样一个价值创造系统，通过商业伙伴各自核心能力以及不断改进的彼此间和谐合作，成功地将整个价值链价值做大。

3.2.2 建筑施工企业价值链系统的关系分析

(1)价值链系统结构关系

各子系统组成了价值链系统整体，并不是孤立存在的，而是在保持相对独立性的基础上相互联系、相互作用，为了价值链的同一目标而协调运作。但是为了各自利益最大化各子系统行为目标可能偏离主系统，即各子系统既有统一性又有制约性。各子系统是整体中的一部分，脱离了整体就可能导致自身部分功能丧失，阻碍信息和能量的传递，同时也会影响整个系统的功能。因此价值链系统是一个有机的整体，彼此相互作用相互联系形成一定的结构和功能，产生单个系统无法产生的功能，即“1+1>2”。

价值链系统协同管理中要充分了解各方价值取向，将各方的价值取向协同为系统的价值目标，通过项目承揽、施工等过程实现价值链系统的功能。并且随着环境和条件的改变，要对协同目标和取向进行不断的调整，从而适应环境的变化，实现价值链系统效益的最大化。本书以内部价值链系统、横向价值链系统和纵向价值链系统为研究主体，对其之间的关系进行耦合分析。

(2)基于协同关系的价值链耦合系统

耦合各方经过物质、能量、信息的交换而彼此约束和选择、协同和放大，相互依赖、相互协调、相互促进，从而实现各子系统的良性互动。约束和选择意味着耦合各方原有自由度的减少乃至部分属性的丧失。协同和放大意味着耦合各方在一种新的模式下协调一致地活动，其原有属性可以被拓宽放大。它们交错重叠在一起，共同形成属性不可分割的整体。

建筑施工企业价值链系统的构成要素不是相互独立的，而是通过产品(物流)、资金、信息、技术、人才、知识、特权、情感、信任等耦合链条紧密联系在一起而形成的一个有机整体。

①价值链耦合系统的概念。价值链系统是相关价值活动的创造和参与企业为了整体目标而相互影响、相互协调、相互促进而动态耦合而成的一个复杂系统。耦合的价值链系统具有以下优势：

(a)各子系统打破原有的功能各自分割的局势，按功能属性组合，形成一个相互作用、相互协调的有机整体。价值链耦合系统通过协同积极消除内部矛盾和非增值活动，各子系统相互合作同步发展，实现功能的聚合和分层协同体系的构建。

(b)各子系统之间不是简单的叠加，而是功能的耦合。价值链各子系统结构和功能互相作用、互相影响和转化，从而产生“1+1>2”的效果，实现价值链系统的价值最大化。

②价值链耦合体系的组成。耦合前后价值链系统结构不同。耦合前，价值链系统成员各自独立运行，各个企业间的关系散乱、功能分割；耦合后，各子系统功能整合，形成一个虚拟的有机整体，成为价值链管理、优化的可操作的平台。在价值链运行过程中不同子系统的相同功能进行耦合，从而实现价值链系统的整体高效管理，并有利于对其他功能进行评估和管理，提高价值链系统的综合效益。

③价值链耦合系统协同运作体系。价值链耦合系统需要建立高效的协同运作体系来指导价值链系统的协同运作，该运作体系保持各功能子系统和功能系统之间的全方位协同，具体应包括以下内容(如图 3-10)。

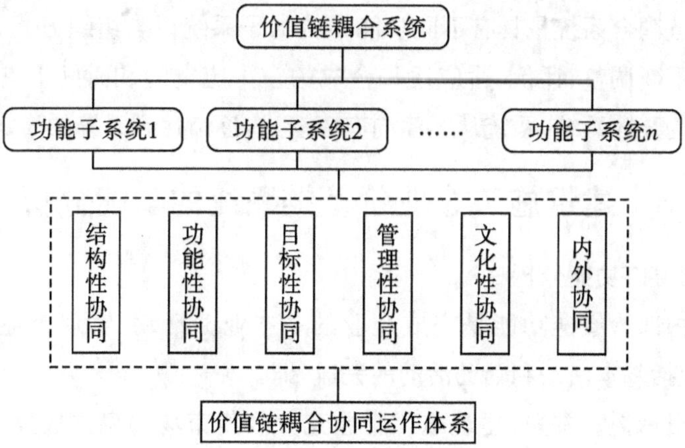

图 3-10 价值链耦合系统

(a)结构性协同，是价值链耦合系统正常运作的最基本形式的协同，通过构成要素在时间、空间上的相互作用、相互影响和相互结合、相互衔接而构成一定的结构模式。

(b)功能性协同，是价值链耦合系统协同的外在功能表现，具有不同功能特征的各功能子系统通过最优组合形成系统的整体功能，每一个子系统都是组成整体系统的必要条件，缺一不可，任何子系统功能的减少都会影响整个系统的功能效应。

(c)目标协同，是价值链耦合系统协同的意义和表现，通过各子系统的功能反馈机制，使子系统目标与总目标协调一致产生综合的目标，并且最终使综合目标最大限度地实现。

(d)管理协同，是为了实现系统总目标价值链耦合系统管理中的制度、方法和措施等协调一致的反应，管理协同可以提高协同管理水平和工作效率，使耦合价值链系统实现高效协同。

(e)文化协同。价值链耦合系统中的不同企业存在文化差异，因此对不同的文化进行协同是价值链系统耦合的基础和保障，可以消除价值链系统的经营理念和管理制度执行的障碍，产生较强的系统凝聚力，大大提高系统协同效率。

(f)内部与外部协同。各子系统与处于一定时间和空间中的其他子系统进行着不断的物质和能量交换，当其受阻则会影响价值链耦合系统的正常运作。因此，价值链耦合系统要有较强的自适应能力，维持运作的稳定，不断进行系统的演进以达到内外部协同。

价值链耦合系统是具有不同功能结构的子系统以自组织方式，对原有价值链系统不断调整、评价、适应逐步合成的在一定空间和时间上有一定功能的有序结构开放系统，系统从无序向有序演进，逐渐达到系统的稳定状态。

3.2.3 建筑施工企业价值链系统的功能分析

(1)价值链功能分析

企业内部价值链功能是完成企业的基本业务活动，实现企业的正常运作，主要包括基本活动和辅助活动的完成，即：

①项目承揽。首先，建筑施工企业充分收集市场信息并成立投标机构，根据内外部条件选择自己适合的中标项目；其次，购买标书后实地考察施工现场确定初步的报价，并制定施工方案；最后，根据规定递交标书。

②后勤活动。施工中需要的建材以及设备的购买、运输、仓储和供应；对内部资源的合理配置，以最少的资源获得最优的效果。

③项目施工。前期对材料及设备的准备工作、技术人员及管理人员到场，按照总平面图进行现场布置及临时用水、用电铺设等基础施工、主体施工

以及装饰。

④市场营销。对产品以及企业品牌的宣传和策划活动，让顾客了解企业及其产品，从而建立良好的企业形象，扩大企业的知名度并且提升企业的竞标竞争力。

⑤竣工交付及服务。经过监理、建设单位、设计单位、勘察单位、施工单位按照有关施工验收规范规定通过验收，并出具书面证明实现建筑产品的合格交付，以及整个施工过程对管理人员、施工人员的服务和售后保修、跟踪服务。

辅助活动是为了基本活动的顺利实施而进行的辅助价值活动，主要包括采购、技术开发、人力资源管理等。高效的采购以及供应商选择管理可以有效节约企业时间和成本，提高价值链效益。技术开发是企业创新的重要源泉，为企业培育核心竞争优势提供有力的手段，高技术人才以及企业管理人才的培养为增强企业创新性和高效管理提供坚强的后盾。

横向价值链旨在通过同行业企业间的频繁沟通以及业务合作，实现价值链资源的高效互补利用，提高在同行业中的知名度和竞争地位；纵向价值链旨在与上下游相关企业进行密切配合，以最低成本、最优效益实现材料和设备的采购、劳务和工程的分包、业主和最终用户的沟通。

(2)价值链协同效应分析

通过建筑施工企业价值链各企业内部的各个部门各个环节活动、企业外部横向价值链和供应链的高效协同，从而提高企业生产运作效率，降低沟通成本、减少等待时间，实现企业内和企业间业务流程的高效运作和价值创造的高效完成。

①快速响应。21世纪信息技术飞速发展，经济全球化发展使企业面临的竞争环境更加激烈，顾客对产品的需求和服务质量越来越高，这给建筑企业带来了一定的机遇和挑战，因此建筑业企业必须整合资源和优势协同运作来快速响应瞬息万变的市场竞争、消费者的需求变化以及企业内外的突发事件。价值链的协同运作通过与上游供应商、合作商、同行业竞争者以及下游用户建立良好的沟通合作渠道、进行信息共享、结成利益共享的战略联盟，以此提高实现企业的快速响应。

②信息集成。建筑企业价值链上的供应商、总承包商以及分包商、业主、用户和竞争对手为了消除不必要的等待等非增值活动需要实时共享信息，对

价值链上各企业信息进行实时监测从而了解合作企业的动态，实现价值链上各企业协同运作。因此价值链是一个信息高度集成的系统，随着信息技术的高速发展，价值链企业间的信息共享技术和共享水平将进一步提高，为价值链的高效管理提供更加方便和快捷的信息集成服务。

③整合优化。建筑业价值链上的各个企业通过合作协商进行链上资源的整合优化利用，并通过与其他企业合作对企业内部流程、资源等进行整合优化，从而最大限度地消除企业内部和链上的价值非增值活动，提高整个价值链系统的效益。因此，价值链协同实现了建筑业以及企业内部资源的整合和优化，为建筑业以及企业的发展提供了有效的方法。

价值链协同效应表现在以下方面，研究主要分析横向和纵向价值链协同效应。

①资源合作的增进效应。建筑业价值链每个企业的不同强弱、不同类型的资源要素形成了企业的竞争优势。在激烈的市场竞争环境中，企业不可能拥有产业中的所有资源，因此每个企业都为了控制更多的资源、提高资源利用效率而努力，从而获得在同行业中的竞争地位。价值链协同旨在通过共享获得产业中的稀缺资源，从而避免市场交易中的高额交易成本，达到降低成本的目的。但是在价值链协同过程中由于竞争对手及合作企业实力的强大会扩大对资源的控制规模，因此，在协同运作过程中要充分考虑企业实际情况，权衡利弊，规避威胁，保护自身利益，受以下情势可以获得资源合作的增进效应。

(a)企业间竞争缓和。横向价值链企业由于不同的产品和服务定位满足不同地域的顾客需求，企业间不存在明显的竞争关系，通过合作可以增强彼此的资源利用效率，从而获得更强的竞争力。

(b)合作收益大于竞争威胁。价值链企业间存在竞争，但是通过协同运作产生巨大的经济效益，实现竞争力的有效提升。

(c)实现资源合作规模效益。在价值链中，处于竞争劣势的中小企业为了增加在某些环节可与大企业抗衡的竞争优势，通过横向和纵向联合实现资源整合的规模效益。如通过联合采购达到降低成本、稳定市场的目的，避免供应商利用竞争侵占企业利益。

②资源合作的互补效应。由于资源的稀缺，每个建筑业价值链企业拥有不同类型的资源，因此企业可以利用资源的差异性实现资源的互补。

(a)有形资源的互补。有形资源主要是指机器设备、材料、销售网络等看得见的资源的共享和通过出租的互补利用。当企业有形资源在某段时间利用效率不高而处于相对过剩的情况下，企业可以通过出租实现资源的有效利用，获得租金并且提高资源的利用效率。如企业资源在某一市场范围内无法充分利用，则可将其与价值链企业进行合作运用到其他市场，从而最大限度发挥资源的效能；或者企业在某段时间某种资源由于季节性等原因利用效率不高，则可将其与价值链企业合作提高资源的利用率而避免闲置。

(b)无形资源的互补。无形资源主要是指管理模式、知识和技术储备等没有实物形态的资源。这些资源没有空间、时间的限制，因此可以在价值链企业间进行无障碍传递，可以多个企业多个业务环节同时应用，通过合理得当的管理实现资源的高效利用，使价值链应用企业价值得到同步提升。

③互动效应。建筑施工企业价值链企业间不断进行着资金、信息和物的相互流动，这种流动促使企业间技术外溢、吸收先进管理经验、改进设备和工艺、加快市场信息传递速率和效率，使企业进入系统的适应期缩短，从而实现价值链协同的互动效应。

(a)信息流互动。价值链协同企业由于加强业务的关联性从而使市场信息实现了面对面的交互，大大提高信息传递速率。同时，因为相同产业以及产业业务相关性价值链企业间交流频繁，使得企业间的信息搜索和交易成本大大降低。通过价值链横向和纵向的协同，不仅实现单链式供应链企业间的双向信息传播，而且实现跨链间信息的互通，提高企业应急能力、扩大信息互动范围。

(b)资金流互动。横向和纵向价值链企业建立基于信任的合作关系实现资金在价值链系统内部的相互流动。如纵向价值链企业通过 ABC(activity based cost)的方式进行核算，下游企业赊销上游设备或材料，上游企业借用下游企业资金，施工企业通过链上企业的融资和垫资等，实现在业务流程上资金流的互动，提高资金的流动比和速动比，增强企业的抗风险能力。

(c)物流互动。物流包括纵向价值链的上游到下游的正向物流和下游到上游的逆向物流及横向价值链中的物流互动。价值链系统中各企业通过彼此之间的物流互动，实现物流规模效应和高效率流动。

④竞争效应。同行业建筑施工企业的合作竞争是企业改善产品和服务、降低成本的重要动力，通过同类企业的学习、模仿以及竞争，实现价值增值和

资源的优化配置，产生横向价值链协同的竞争效应。

(a)竞争促进企业发展。通过优胜劣汰的自然生存法则，企业认真分析自身的优势和劣势，充分利用企业优势避免企业劣势，寻找竞争胜出的途径和方法，挖掘自身的内在潜力，最大限度地提高资源利用效率，改善产品质量和服务水平、降低成本，促进企业发展，保持企业的持久竞争优势。

(b)竞争提高进入壁垒。建筑市场的施工企业由于在激烈的竞争环境中已经具有先发优势，即在施工工艺、技术、管理方面经过多年的积累已经将资源的利用效率提升到较高的水平，因此新进入者难以在短时间内达到相应的水平，增加了新进入者的进入障碍。

(c)竞争降低学习成本。通过价值链中企业的相互学习和模仿，使建筑企业可以在短时间内获得需要很长时间努力和积累才能形成的知识和经验，企业可以吸收价值链企业中的成功经验和失败教训，降低风险和成本。

⑤规模经济效应。价值链企业可以通过各种合作形式实现信息和客户资源的共享，从而获得规模效应。如建筑施工企业横向价值链通过联合采购材料或设备，作为一个整体参与供应商的讨价还价，增强谈判力，减少或避免企业单独交易中利益被侵占的现象发生。

⑥范围经济效应。处于价值链协同中的企业通过供应商、分包商、设计商、监理商、施工企业的联合实现业主需求的一站式服务，从而降低顾客的选择成本、时间成本，提升顾客的价值，降低企业的管理费用，最终实现范围经济效应。

⑦协同效应。价值链中企业通过协同建立互相信任的战略联盟，以契约或非正式契约形式约束个体行为，实现信息及时的沟通，避免对彼此利益的损害。如建筑施工企业通过同类型企业及时沟通形成统一的市场价格，避免由于价格战而引起的恶性竞争，保持整个行业的利润。

⑧促进核心竞争优势的培养。随着竞争的加剧和社会分工的细化，企业更专注于所擅长的价值增值活动领域，培育核心竞争优势，建筑施工企业逐渐脱离大而全的施工业务而向专业化方向发展。因此建筑施工企业通过横向和纵向互补和协同，巩固和强化企业核心竞争力，提升价值创造能力。

3.3 建筑施工企业价值链协同的结构模型

由以上分析，建筑施工企业价值链系统是一个由多个子系统组成的复杂系统，因此各个子系统只有协同运作才能最大限度消除非增值活动，实现价值最大化。大系统中的许多小系统既相互作用，又相互制约，它们达到平衡结构或由旧结构转变为新结构时，都遵循一定的规律。系统协同程度越高，输出的功能和效应就可能越大，系统的负效应就会越小，结果就越有价值。协同管理思想就是以协同技术为支持，以信息共享为基础，始终从全局观点出发，采取共赢的原则，使整个价值链中的个体更加亲密、相互信任、同步和团结，来提高整个价值链的柔性和整个价值链价值的最优。

价值链协同就是价值链系统中各子系统为了实现整体目标而对系统资源进行整合优化，尽可能消除非增值活动、降低成本，实现价值链效益最大化。主要包括内部价值链协同、横向价值链协同和纵向价值链协同（如图 3-11），这三方面的协同主要分为有形协同和无形协同两类。

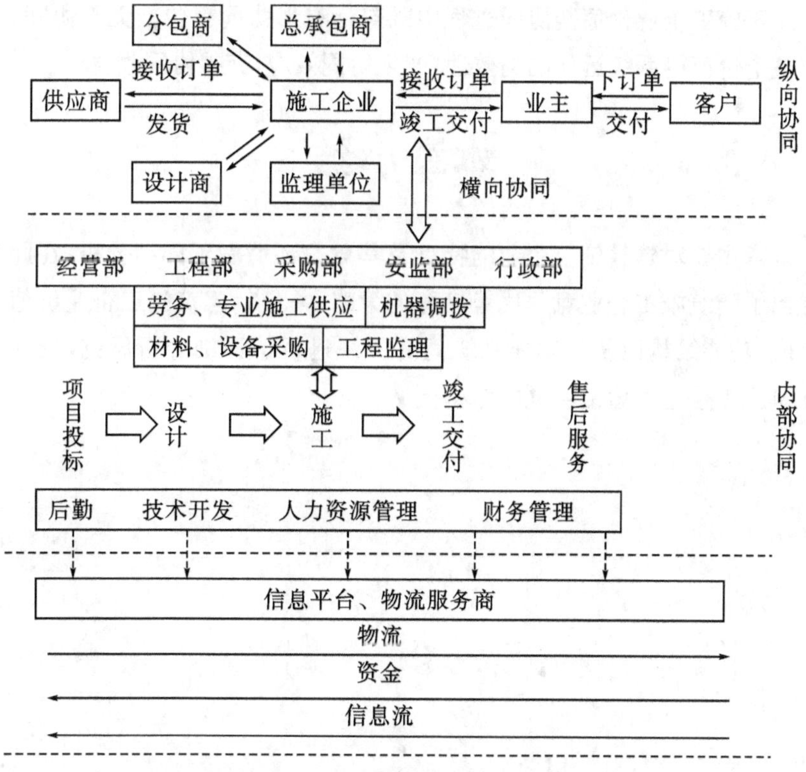

图 3-11 建筑施工企业价值链协同的结构模型

(1)有形协同

有形协同是指发生在相互联系的价值链活动中，为了实现业务的无缝对接从而降低成本、产生协同效应、提升企业竞争力。一般包括采购协同、施工协同等。如采购协同中，企业可以与横向价值链企业采取共同的购买渠道，与纵向价值链中的供应商结成长期的战略合作联盟，通过联合采购、供应商协同等方式实现价值链协同。施工协同中，可以与横向价值链企业通过技术开发协同、人力协同，与纵向价值链以及内部价值链的业务流程协同来实现价值链协同。

(2)无形协同

无形协同是指通过无形的技能以及知识共享和转移而产生协同效应。如通过企业完善的客户服务知识、高效的施工过程管理经验和技巧等的传授而使企业获得高效的管理技能和市场开发服务等技能，从而实现企业价值链运作的高效率，提升价值链竞争优势。

建筑施工企业价值链协同过程中既包括有形协同也包括无形协同，从而实现整个价值链系统运作的高效性，产生协同效应，获得协同收益。

本章小结

本章主要对建筑施工企业的特点及其竞争环境做了详细分析，在此基础上提出了建筑施工企业竞争优势培育的策略，并且就建筑施工企业价值链系统组成、功能结构以及各功能系统间的关系进行了详细分析研究，最后构建了建筑施工企业价值链协同的结构模型。

4 建筑施工企业内部价值链协同分析

4.1 建筑施工企业内部价值链结构分析

企业内部价值链是指各职能部门、生产经营各流程环节的价值链。主要包括基本活动和辅助活动，其结构模型如图 4-1。

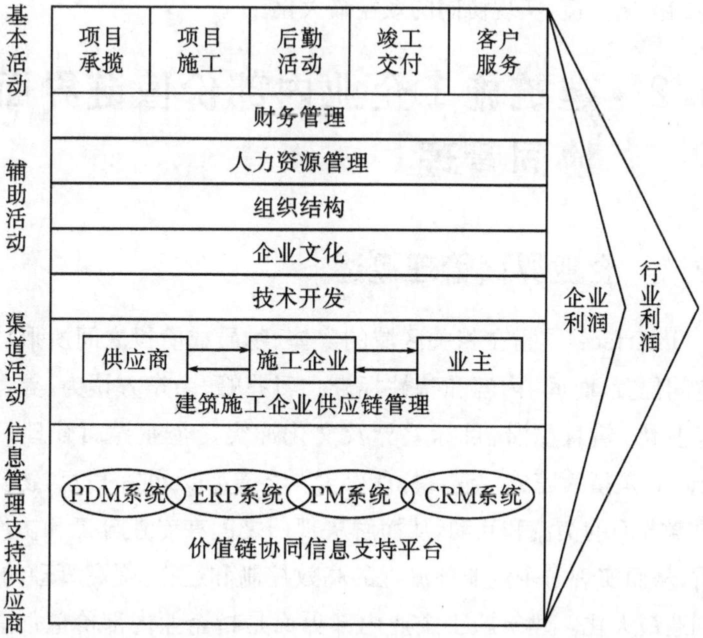

图 4-1　建筑施工企业内部价值链协同总体模型

由以上模型可以看出：

(1)建筑施工企业的内部价值链协同以价值活动为媒介,以价值为基础,构成了一个价值增值的价值网络,价值活动是企业创造价值的基石,而价值是企业赖以生存和发展的动力。

(2)建筑施工企业的价值活动包括基本活动和辅助活动两种。基本活动是企业创造价值的主要活动,包括从项目承揽开始到最终交付给客户满意的产品和服务为止,涉及工程项目的设计、施工、验收及服务等内容;辅助活动是财务、人力资源、技术开发等为基本活动顺利高效完成的支持活动。

(3)渠道活动是企业价值活动的一部分,但是涉及企业与外部企业的交流和往来活动,因此属于企业的纵向价值链活动。

(4)企业内部价值网络除了价值活动外还包括企业的经营目的,即企业的利润。利润是各项价值活动的总价值和总成本之差,是企业经营的最终目的,因此实施内部价值链协同就是更好地创造价值和利润。

(5)建筑施工企业内部价值链协同是以先进的网络技术和信息系统为支撑,通过协同信息支持平台实现企业内部各部门和外部环境的信息共享以及方便快捷的沟通交流,实现协同的效益最大化。

4.2 建筑施工企业内部价值链界面协同管理

4.2.1 企业界面管理概述

界面(interface)是指在相关区域的实体、物质或阶段之间所形成的共同界限的空间位置、时间、内容和特性标准。刁兆峰、余东方认为,界面产生的原因有专业化、信息黏滞、目标差异及文化冲突。企业界面管理(interface management)是指为完成企业目标所涉及的各部门之间在信息、物资、资金、技术等要素方面的交流和互动,从而解决部门之间在专业分工和协作中的冲突和矛盾,从而实现对企业业务流程的高效控制和运作,提高管理的效率,实现价值创造最大化。建筑施工企业内部界面是指企业内部价值创造的各职能部门,主要包括工程部、经营部、采购部、安监部和行政部(如图 4-2)。

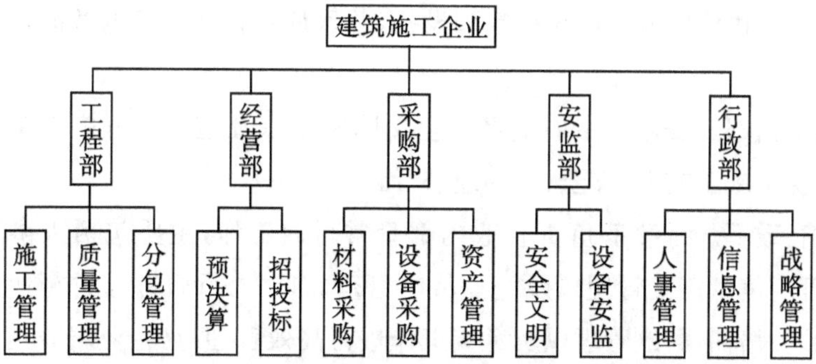

图 4-2 建筑施工企业职能部门

成功的建筑施工项目产品需要企业将技术能力与用户的需求和服务结合起来，企业内部跨部门职能整合及各部门人员之间有效地沟通。对建筑企业内部价值链进行管理可以有效地消除部门之间协调中的矛盾。

4.2.2 建筑施工企业内部价值链界面管理

建筑施工企业内部价值链界面管理就是通过对企业价值链上的所有价值活动和非价值活动进行识别，通过价值活动的成本与价值的比较分析，推进价值活动的优化与相互协调，并为实现企业竞争优势而进行价值活动的改进。

内部价值链界面管理基本步骤是：分析找出企业内部各职能部门所有可能构成成本的增值与非增值的单项价值活动；确认价值链的单项价值活动；确认单项价值活动应分摊的成本；评估单项价值活动的成本与其对顾客满意的贡献；识别和分析各项活动的成本动因；找出企业内部各单元价值链之间的联系；评估单元价值链之间联系的协调性；采取业务流程再造改进价值链。

(1)建筑施工企业界面职能

①经营部。经营部主要负责招投标和预决算工作，即对项目承揽的招投标进行全面的策划和管理，以及工程施工过程的成本核算和项目最终的决算。经营部的主要目标是以最低的成本实现建筑项目的承揽以及核算工作。

②工程部。工程部主要负责施工的全过程现场管理、工程质量管理以及分包项目管理。工程部的主要目标是对施工过程进行全面管理，根据施工计划、客户需求按时按质完成项目施工。

③采购部。采购部主要负责工程施工所需材料及设备的采购。其主要

目标是以最优价格购买所需材料和设备，并保证材料和设备的按时按质按量供应。

④安监部。安监部主要负责安全文明施工以及施工过程中设备的安监工作。保证施工文明、安全、顺利地进行。

⑤行政部。行政部负责企业内部日常行政工作，主要包括人事管理工作、各部门信息档案管理以及企业战略管理。首先，行政部通过企业内部员工的招聘、培训、薪酬管理以及考核工作进行高效管理，为企业培养高素质的人才队伍；其次，行政部对日常业务过程中产生的业务信息、员工信息等进行实时管理，保证信息流通的畅通和实时记录；最后，行政部对企业负责根据企业内外部环境制定企业的战略目标规划。

(2)建筑施工企业界面协同优化管理方法

①沟通协调。沟通协调包括各部门人际关系协调、组织关系协调、供求关系协调、配合关系协调等。人际关系协调主要是各部门人员工作之间的联系和矛盾管理；组织关系协调主要是组织部门间的分工和配合问题；供求关系协调主要是企业中人力、资金、设备、材料、技术、信息的需求及供应，在合适的时间合适的地点提供所需资源；配合关系协调主要是各个部门间在配合关系上的协调和步调一致，同心协力完成组织目标。

为了实现高效的沟通协调，企业需要建立协调工作制度，对经常性事项制定专门程序，事先确定协调时间、内容方式和具体负责人；明确工作职责范围，充分发挥各级各类管理人员的作用；不同对象采取不同的协调方法；人员安排要量才用人，要根据专长进行安排，做到人尽其才、才尽其用，人要合理匹配、扬长避短，能力、性格互补，充分发挥每个人的积极性；工作职责分明，明确责任、目标和岗位职责，事事有人管，人人有专责；客观评价每个人的绩效，调解矛盾要顾全大局、及时彻底。

②跨职能部门整合，协商合作。为了实现效益最大化，减少部门间的摩擦，不同界面要跨职能部门整合，发挥协商合作的精神，不同专业职能的人员、不同的职能部门和所有集成要素通力合作。具体地说，包含两方面的内容：一是要淡化传统意义中的严格的岗位职责划分，各部门要以企业利益最大化为目标；二是要将领导由过去的精通某一职能的专才转为适应形势需要具有多职能管理知识的通才，培养具有丰富管理经验和工程建设经验的综合

性人才。

(3)建筑施工企业内部价值链优化管理措施

①建立扁平化的项目管理组织结构。扁平化结构是指通过精简冗余的职能机构,增大管理幅度,加快信息传递而建立起来的紧凑、富有弹性的组织结构。扁平化结构可以大大提高管理效率,降低管理成本。扁平化结构的主要特点是组织结构以工作流程为核心,精简中间管理层次,利用先进的现代网络管理技术实现企业目标运作的低成本、高效率。

建筑施工企业的项目管理组织是根据一个项目而建立起来的临时组织,随着项目的完工而自动解散,因此为了提高沟通的效率、降低沟通成本而建立精简的扁平化项目管理组织结构(如图 4-3)。

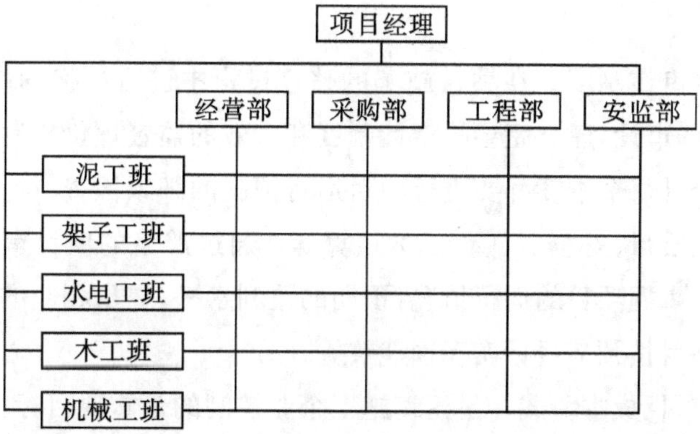

图 4-3 扁平化项目管理组织结构图

②建立完善的项目管理制度。建筑施工企业耗费大量的人、财、物资源生产符合业主和合同要求的建筑产品,因此必须建立完善的项目管理制度对施工整个过程进行高效的管理和控制,从而以最低成本、最快速度实现公司价值的创造。

(a)安全质量保障制度。建筑施工作业是在特定的空间进行的对人、财、物的组合活动,并且建筑产品体型庞大,需要运用大量的机器设备,因此建筑施工过程要建立完善的质量安全保障制度和管理制度,严格执行安全质量管理体系标准,运用先进的安全生产技术、质量控制方法和网络技术对施工过程进行实时监控,加强对日常质量安全的督察和施工人员的安全教育,提高安全生产水平,尽量减少和杜绝不安全事故的发生,及时发现问题及时消除隐患,保证在人员人身安全和财产安全的情况下生产出规定质量的产品。

(b)合同管理制度。建筑施工企业按照合同的规定进行生产，因此全过程需要建立完善的合同管理体系，提高合同管理水平。一是应该培养一支具有良好合同法律知识的高素质合同管理队伍；二是建立专门的合同制定、执行、检查和报告的管理机构；三是实行规范的合同文本示范制度；四是建立完善的信用监督管理机制；五是构建先进的信息网络平台和合同管理信息系统。以上五方面的措施可以有效提高合同管理的效率、提高企业合同管理水平、维护企业的合法权益。

(c)资金管理制度。建筑施工企业通过建立统一的资金结算中心、规范的资金使用程序和审核制度，对资金使用进行严格的管控，实行集中管理、统一调配，杜绝资金的不合理支出，从而提高资金的利用效率，降低工程成本，提高企业效益。

(d)项目审核制度。在项目施工的整个过程中进行严格的施工前、施工中和竣工后的审计，建立完善的审计制度和有效的监督评价机制。在施工的过程中，每个月每个季度都要进行项目运行情况的细致检查，认真考核，如进度执行情况、质量、安全、风险、成本核算等。通过严格的项目审查及时发现存在的问题，掌握项目的运行情况，预期的盈利水平，提出相应的改进对策和措施，保证项目按预期目标实现预期效益。

③控制项目成本。成本是建筑施工企业控制的最重要目标，因此企业需要成立专门的成本管理中心，对项目成本进行实时的监控和核算，运用先进的成本管理和控制方法尽可能降低工程成本。建筑施工质量成本控制就是对建筑产品形成的全过程进行全面的跟踪控制，以最低成本按质按量完成合同规定的工程项目，获得最佳的经济效益。也就是按照质量成本目标，对施工全过程的耗费进行实时跟踪计算和审核，从而发现实际和预算的差异，及时采取合理的措施进行纠正，以实现预期的质量成本目标。质量成本控制需要企业内部各个部门进行积极配合，高度协调，为了质量成本目标而共同努力。对建筑施工企业的质量成本进行控制主要包括以下几个方面：

(a)建筑材料的质量成本控制。建筑材料是企业成本的重要组成部分，材料费用是企业质量成本控制中的重点，材料质量是工程质量的基础和重要支撑，需要工程部门和采购部门通力合作共同控制。据统计，材料成本占建筑产品总成本的63%，而材料的质量对工程质量产生直接的影响，材料质量不达标则整个工程项目的质量都不可能达标，因此建筑材料的质量成本控制至关重要，需要工程部和采购部及时沟通协调，工程部门下达一定技术标准的材料采购计划后，采购部门要严格按照要求选择最好的供应商以最低成本买入，并且工程部对买入的材料进行严格的检查验收，并建立管理台账，对材料的收、发、储、运进行全过程的管理，杜绝不合格材料的使用和材料的浪费。

(b)建筑人工的质量成本控制。建筑产品的生产需要大量的管理人员、技术人员、施工人员，并且施工人员是工程完成的主体力量，工程质量受所有参与工程项目的人员的影响，并且人工费用占据建筑产品成本的17%，因此对人工的质量成本控制是建筑质量控制的另一个重要内容，需要行政部和工程部密切配合对人工质量成本进行控制。行政部和工程部要通过协商建立良好的员工招聘制度，加强员工的职业道德、思想政治和劳动纪律教育，经常对如何提高工程质量、降低成本进行培训，制定严格的质量成本考核制度，提高施工人员质量成本意识使其按照严格的质量标准和操作流程进行施工。并且建立完善的薪酬和工程质量成本挂钩的薪酬制度，鼓励员工积极参与质量成本管理，促进员工发挥主观能动性，保证施工任务的按质按量按预算完成，提高施工质量和效率。

(c)机械的质量成本控制。机械设备是建筑产品生产过程必不可少的物质基础，是现代化施工的主要组成部分，机械费用占建筑产品成本的7%。先进的机器设备将大大提高项目工程的质量、提高施工效率、降低成本，因此需要采购部和工程部的共同管理，对机械的质量成本进行控制。工程部要严格调查了解施工现场的地面条件、建筑产品特点及适用的施工工艺方法，从而下达具有一定技术质量标准的机械设备租赁和采购计划，采购部按照要求以最低成本进行采购，工程部还要实时地对机器设备进行维护保养，确保机械设备的完好运转，充分发挥其效能，最大限度提高工程效率、降低工程成本。

(d)施工间接费支出的控制。建筑施工企业的施工间接支出一般占建筑产品成本的11%，是建筑成本的重要组成部分，主要包括故障费用支出、法律事务支出等。施工间接费用控制需要安监部和工程部及时沟通、密切配合，保证设备的良好运转、安全文明施工，减少事故发生率和机器故障维修率，使工程项目按质按量按时完成。

质量成本控制的实施要真正做到事前预防、事中控制和事后总结反馈的有机结合,实现高质量低成本运作。

一是施工前要对工程项目进行充分的分析和了解,对可能影响质量成本的因素进行全面的分析,并采取相应的对策,预防影响质量成本的返工返修、施工停顿等事件发生,加强成本质量控制。

二是对施工的全过程进行严格的实时监控,合理安排施工工序,保证施工的顺利进行,避免和及时处理安全问题、设备故障等问题,最大限度避免质量成本损失。

三是工程竣工交付后对施工质量成本控制过程进行总结,及时反馈问题,以保证质量成本控制方法措施的不断改进,提高质量成本控制水平。

④提高技术创新能力。先进的施工技术和管理技术将提高企业的运用效率、降低工程项目的成本,因此建筑施工企业要不断强化技术创新意识,增强企业的技术创新能力,促进技术向生产力的转化。主要有以下措施:

(a)设立创新基金。通过设立多种形式的技术创新基金,鼓励技术创新。

(b)培育和引进高素质的技术创新人才。技术创新重在人才,通过技术人才的培养和引进,提高技术创新的实力。

(c)建立完善的技术创新激励机制。加强对技术骨干人才的奖励,从而推动技术创新工作的开展。

(d)增加科技创新投入。充分利用社会科技资源,增加科研经费,大力开展官产学研合作,大大提高建筑施工的技术创新能力。

4.3 建筑施工企业内部价值链协同机制

内部价值链协同是指内部各环节为了整体目标而对系统进行整合优化,消除非增值活动,从而实现各个环节的高效运作和价值最大化。价值链协同机制就是运用一定原理,在不完全信息、自由选择和分散决策的条件下,设计一种使内部价值链系统为了整体目标而协调运作的规则和制度,使其协同运作。价值链协同机制主要研究协同的目标、规则和流程等。

4.3.1 协调机制

协调是内部价值链系统为了达到系统一致和谐的目标系统各要素相互

作用、相互合作，促进系统目标的顺利完成。建筑施工企业内部价值链界面复杂，需要跨组织、跨专业、分布式协同运作，因此为了按客户需求生产满意的建筑产品需要内部价值链各界面协调运作，要建立完善的协调运作机制，即内部价值链界面为了组织目标而共同行动建立起来的规则和规范。

建筑施工企业内部价值链协调机制贯穿项目承揽、设计、施工、竣工交付的整个过程，因此要建立全方位多层次的协调机制。本书建立战略层、管理层、操作层和信息层四个层面的协调机制，协调机制结构模型如图 4-4。

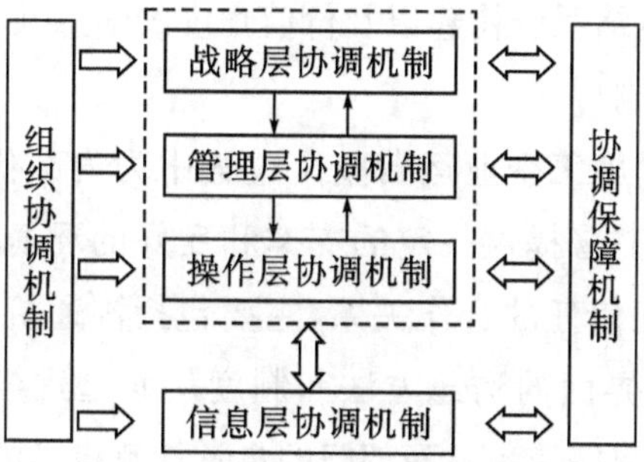

图 4-4　协同机制结构模型

其中，组织协调机制是构建项目组织框架、各部门参与人角色设计、沟通规则等问题的协调，从而解决各界面之间的冲突，而协调保障机制是各界面沟通、学习、信任等支撑保障体系。当内部价值链协同管理出现矛盾或冲突时，各部门以良好的信息共享平台为基础，以彼此间的信任为纽带，通过相互学习、及时沟通，根据协调机制的规则和规范，调整改变各界面部门行为，协调解决矛盾和冲突以满足各利益主体的目标诉求。

(1)组织协调机制

战略层是内部价值链协同管理的最高层次，通常由项目经理牵头组成专门的项目管理办公室。战略层的主要目标是设计内部价值链协同管理的目标和原则，建立管理过程的绩效考核标准，保证协同管理的整体全局协调和平稳运行，主要通过建立完善的高层决策协商机制来协调各界面的运作决策和利益，如各界面成员选定、各界面风险分担和利益分配等。

管理层主要是各界面部门实现价值链协同管理的方法制定。主要包括各部门成员的具体行动以及部门间业务活动的协调等，如施工过程的项目进度协调、建设目标的综合优化等。管理层协调机制运用一定的方法发现并解决企业运营中的问题和冲突。

操作层是工程项目施工过程中的设计、监督、材料配送等协调过程，主要是对价值链协同管理方法的执行过程中的协调。注重工程项目协同管理工作的实施，负责实施过程中界面之间的协调。如材料采购与验收、土建、装修等专业施工的协调等。

信息层是为整个企业内部价值链协同管理提供数据和信息支撑，主要包括各界面之间信息传递制度、沟通渠道以及协同管理信息系统支撑平台等，即技术层面的信息网络系统构建以及价值角度的信息共享协调机制。

(2)协调保障机制

协调保障机制是施工企业运营整个过程中为内部价值链协同管理协调机制的形成、建立和完善提供一定的支撑和良好的环境，促进信息的有效沟通和建立各界面相互信任的合作关系，主要包括沟通机制、信任机制和学习机制，研究和解决各界面的沟通方法和制度从而增进各界面的相互信任关系，同时通过相互学习促使各界面部门的自觉规范自己的行为。

①沟通机制。沟通是各界面之间的知识、信息传递和交流。良好的沟通是项目成功实施的关键，是获得信任的主要渠道，可以大大提高参与部门的协作意识、明确各自责任，从而提高运作效率、降低管理成本。沟通机制即沟通过程中的规则和制度，如各部门沟通的频率、沟通的方式方法、沟通的效果评价和奖惩激励制度等。

②信任机制。信任是各部门在良好的沟通过程中建立起来的无监控状态的默契和相互依赖，自觉履行各自职责，为项目目标的完成达成共识。高度的信任关系可以规避风险、减少冲突、实现价值共享，降低协同管理部门的交易费用和监督费用，增强各部门合作关系，保证业务流程的顺畅运行。

③学习机制。各部门要通过不断地自我学习和部门界面间学习，是部门发现错误并不断改正错误的过程。学习可以改善创新能力，提高组织绩效，从而提高价值链协同管理能力和价值创造能力。协调过程实际上也是学习的过程，部门间的不断学习适应，可减少冲突和矛盾、增进信任、提升协调效率。

(3)内部价值链协同管理协调程序

内部价值链各界面部门本着协商一致的原则，及时发现管理过程中的问题和冲突，公平地运用合理的协调方法和程序解决各界面之间的矛盾。

①过程实时监控。运用各种监控手段对建筑施工企业整个运营过程进行实时监控，及时发现各部门之间的矛盾和问题。

②辨识问题。通过信息平台收集相关信息，对矛盾和冲突问题进行辨识。

③发现问题。通过及时的沟通和学习，各部门对各自的行为进行反思和总结，发现存在问题并进行纠正和重新定位。

④构建解决方案。根据信息、知识的共享，有效的部门互相沟通学习，构建合理的解决问题的方案。

⑤达成共识。根据各利益主体的目标诉求对方案的选择进行修订更改，最终达成一致。

⑥问题程序化。对问题解决的协调效果进行评价和反馈，不断补充和完善，从而建立程序化的协调过程，以供日后对此类问题的解决做参考。

协同管理中的协调是一个循环反馈的过程，根据问题解决效果不断地调整和完善协调机制，从而不断化解矛盾和冲突以适应新的管理环境(如图 4-5)。

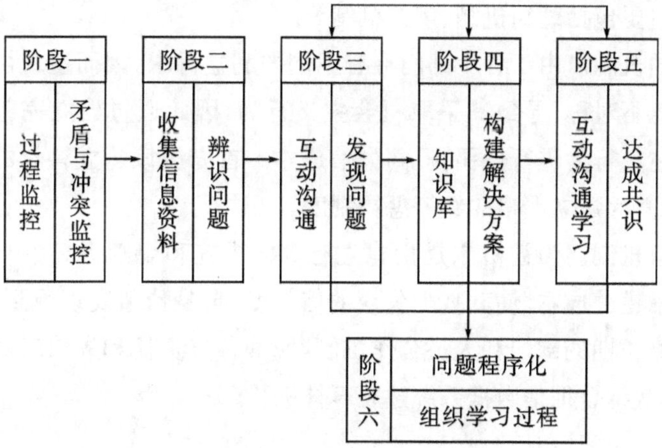

图 4-5　协同管理协调程序

4.3.2　激励与约束机制

激励和约束是对界面协同管理中的人进行必要的鼓励和制约，使其向着组织目标努力而采取行动。良好的激励和约束机制可以提高员工的积极性，从而提高协同管理绩效。建筑施工企业要建立完善的激励约束机制以适应协同管理要求。

(1)激励机制

激励机制主要是鼓励企业员工工作积极性的规则和规范、措施和方法。主要包括奖惩机制和监督评价机制。

①评价机制。根据一定的方法对建筑施工企业内部各个部门的沟通协调过程进行评价,从而对影响价值链协同的部门进行合理的奖惩,具体包括设立实时的评价内容、评价方法等。建筑施工企业需要专门的行政管理人员对施工现场的整个生产过程、各部门人员进行实时的跟踪、收集信息,并进行公平合理的实时评价,不断发现问题并制定处理对策。

②奖励机制。根据评价结果,对提高价值链协同管理水平的部门和人员给予一定的物质和精神奖励,从而提高其工作积极性,并激励更多的部门更多人进行学习,提高整个企业的效益。如公开表扬和号召学习先进管理部门和人员,并给予一定的奖金奖励,记入绩效考评等。

(2)约束机制

约束就是对部门和人员行为加以限制,是与激励相对应的负向管束和惩罚行为。主要包括惩罚机制、声誉机制等。

①惩罚机制。由于各个部门拥有不同的利益诉求,因而造成协同管理过程中的信息不对称,导致其采取机会主义行为,因此通过建立完善的惩罚机制对机会主义行为进行惩罚,提高失信成本。首先应该建立科学的数据采集监控系统;其次建立严格的经济惩罚制度。

②声誉机制。声誉机制是指建立有效的措施和规则提高参与人的个人和部门失信道德成本,使其减少公众的信任度,自身价值实现受到严重阻碍。首先要建立长期的部门和人员合作机制,明确各方责任和失信时的惩罚策略和措施;其次结合征信数据系统建立声誉机制。

本章小结

本章主要分析了建筑施工企业内部价值链的结构,运用界面管理理论对内部价值链协同做了详细地分析,并且对内部价值链的协同机制进行了构建,以更好地对内部价值链协同进行管理,提高内部管理运作效率。

5 建筑施工企业横向价值链协同分析

5.1 建筑施工企业横向价值链协同内涵

随着经济全球化的发展，产业竞争日益激烈，损人利己的竞争时代已经一去不复返了，横向价值链中的企业需要共同合作实现双赢以及多赢，从而提高整个产业的价值创造能力以及每个企业的竞争力。建筑施工企业横向价值链是指处于建筑行业的同类企业之间为了提高竞争力而进行的相互影响、相互作用的价值活动的集合。而建筑施工企业横向价值链协同就是横向价值链中的各个企业为了更好地实现价值创造，提升各自的竞争力而相互协调运作，实现整个产业价值创造力的提升。因此，横向价值链就是企业的竞争链，是与同行业企业的竞争合作链条。横向价值链协同就是分析如何与同行业企业进行竞争合作，从而获取竞争优势。横向价值链具有以下特点：

(1)横向价值链协同限于同一产业范围。横向价值链的协同是为了增强企业的竞争力，提高企业在同产业范围内的竞争地位，因此是对同一产业范围内的资源和竞争情况进行彻底的分析。

(2)横向价值链协同中的每个企业都是一个整体。每个企业的内部价值链活动被看作一个整体的企业活动，体现企业的竞争实力，作为一个整体参与外部的竞争。

(3)横向价值链协同中的企业处于同等的地位。同一产业中的各个处于同等地位的企业通过相互之间的竞争合作形成有机的整体，是横向价值链协同分析的构成内容。

(4)横向价值链协同中的企业拥有平行或者交叉的纵向价值链。横向价值链中的企业可能有各自不同的合作企业和不同的业主、客户，也可能供应商、分包商、设计商等纵向合作中的某些企业是相同的。

(5)横向价值链企业合作具有局限性。横向价值链企业协同运作具有很强的目的性，尤其是同行业横向价值链协同，其既合作又竞争，协同的目的都是为了获取特定的利益，因此合作空间小，为了保持自身利益合作企业很难实现全过程、全要素的高度协同合作，并且横向价值链企业协同的时间较短，随着环境的改变，合作形势和内容不断改变。

(6)横向价值链企业协同中价值流动具有隐蔽性。横向价值链协同企业一般不以资本和产品为纽带，没有物质资源作为交换载体，其协同中价值流动是隐蔽的。

(7)横向价值链协同基础更多的是信任。横向价值链协同企业间一般不会签订长期的契约合同，它们由于竞争的压力通过相互之间更多的彼此信任来维持合作，激励和约束机制作用不明显。

因此，企业要充分了解和分析企业所处的横向价值链协同中成员的经营和管理情况，从而发现自身的优势和劣势并且确定与竞争对手间的合作空间，理论上确定协同的内容以及协同策略，合理地确定产品的均衡价格，为企业充分利用内外资源、获取竞争优势提供了一种可行的方法，最终获得提升竞争力的有效途径和方法。

5.2 建筑施工企业横向价值链协同模型

5.2.1 建筑施工企业横向价值链协同要素

建筑施工企业横向价值链即竞争对手价值链，其协同旨在同一产业中各企业之间相互协调运作共同消除非增值活动，形成各自的核心竞争优势，从而提高整个产业的竞争优势，主要有产业协同、采购协同、施工协同、技术协同、营销协同。横向价值链协同模型如图 5-1 所示。

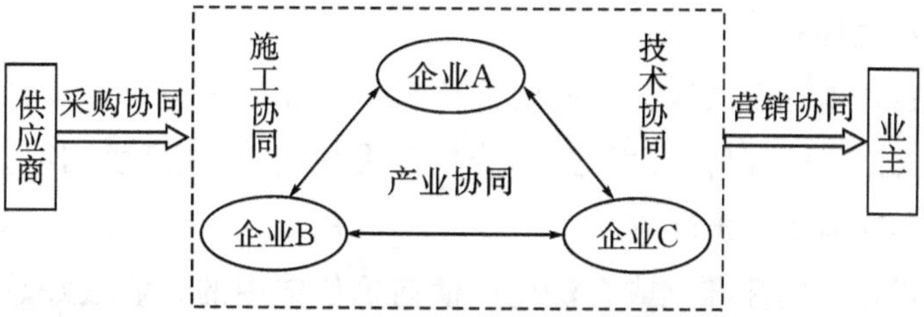

图 5-1　横向价值链协同模型

(1)产业协同

横向价值链通过各主体间的相对态势来决定产业的方方面面,即所有同行业企业的共同力量来决定。它们之间的协同可以施惠于整个产业,具体如下:

①增加产业需求。建筑业需求随着经济的发展会逐渐增大,建筑企业与竞争对手共同创造的产品将改变人们对建筑行业和建筑企业的认识,扩大整个产业的感染力,提高产业知名度,从而使产业内的每个企业都可能在这个过程中增加自身的知名度和业务量。

②保持产业内建筑产品的稳定。产业内建筑施工企业协同,可以防止突发事件引起的工程延期、质量不符等,从而为业主和最终用户提供满意的产品,可以阻碍更多的竞争者进入该行业,提高产业进入壁垒。

③加强理想的产业结构因素。企业可以通过与横向价值链中企业的协同运作加强理想的产业结构特性,或者促进产业结构向更好的方向变革发展。如在同产业内通过协同提高建筑产品和服务质量,避免激烈的价格竞争,从而提高顾客对建筑业的信任度和认同感。

(2)采购协同

如果横向价值链企业的纵向价值链在供应商环节中发生交叉或重合时,企业可以通过协同采购来提高与供应商的讨价还价能力,争取以合理价格采购到较高质量的材料和设备,避免供应商利用企业间的竞争关系侵蚀其下游企业的利润。如企业可以联合竞争对手企业,选定几个供应商作为主要协同企业进行联合规模采购,从而实现采购的低成本、高效率。

(3)施工协同

横向价值链企业通过材料设备的共享、仓库的共用、设备装配和维修服务共享等方面进行必要的协同,从而提高企业的运作效率和质量,降低相关成本和费用,实现资源利用的最大化。

(4)技术协同

①增强技术开发的能力。横向价值链中企业通过整合资源进行某个项目的协同开发，从而降低开发难度，分担开发费用，缩短开发周期，使企业能够更灵活地对需求做出反应。

②促进技术的标准化或合法化。横向价值链中的企业最好是行业中影响力强、信誉好的企业，通过合作共同使用和支持某项技术，从而提高该技术在行业中的知名度和应用水平，使顾客接受此技术，并进一步通过扩大影响力来使技术标准化、合法化。

(5)营销协同

当横向价值链各主体的纵向价值链在顾客环节发生交叉或重合时，就需要在营销方面进行协同。

①分担市场开发成本。在新产品或新技术刚进入市场时，各企业为了节约成本往往与竞争对手协作共同进行宣传和推广，从而降低单个企业的市场开发成本，提高企业效益。

②共享服务网络。横向价值链协同企业可以通过共建服务网络，从而提高资源的利用率，避免重复建设，最大限度地降低服务成本，并更快地对客户需求作出响应。

以上五方面的协同可以使各企业共享价值链各主体的管理和资本资源，实现管理和财务的协同，从而实现低成本、高效率运作，最终实现高效的管理和丰厚的财务回报，巩固提升企业价值创造能力，实现企业效益的最大化。

5.2.2 建筑施工企业横向价值链企业协同竞争博弈模型

在横向价值链系统中各个企业在价值连接点可采用竞争或协同方式，具体采用何种方式取决于企业对既得利益的判断。为了更多地获取优势资源，企业之间进行重复多次的协同竞争博弈，从而使整个系统由无序走向有序，逐渐达到均衡状态，实现系统创造价值效率的提升和企业主体价值的增加。

(1)竞争协同博弈

假设横向价值链协同中有两个企业Ⅰ和Ⅱ，两企业价值创造环节数分别为 n_1 和 n_2，每个活动企业可以选择协同或竞争策略，企业在每个环节价值活动协同的额外成本为 c，不协同无额外成本。

在博弈的 t 阶段，企业Ⅰ和Ⅱ的价值创造环节数分别为 $a_1(t)$ 和 $a_2(t)$，则每个企业选择协同和竞争所得的收益是不同的。具体采取各种策略企业收益情况如表 5-1。

表 5-1　企业收益

企业Ⅰ	企业Ⅱ	
	协同	竞争
协同	$a_1(t)E_1+\Delta, a_2(t)E_2+\Delta$	$a_1(t)E_1-\theta_1, a_2(t)E_2+\theta_2$
竞争	$a_1(t)E_1+\theta_1, a_2(t)E_2-\theta_2$	$a_1(t)E_1, a_2(t)E_2$

表 5-1 中，E_i 表示企业的合作相关生产率即合作收益，Δ 表示两个企业都采用协同策略所增加的收益，θ_i 表示两个企业采取不同策略的得失。

在这里我们引入参数 m，m 表示企业的竞争情况，$m>1$ 时表示企业有更多收益向它转移，在创造价值过程中处于优势地位；$m<1$ 时表示创造更少收益的企业将在收益分配中获得更多优势；$m=0$ 说明企业之间平均分配收益；$m<0$ 表示对合作的惩罚和对独立运作的奖励。假定企业按照 $[a_1(t)E_1]^m$ 和 $[a_2(t)E_2]^m$ 的数量和比例进行收益分配，并且假定在各个价值创造环节收益公平分配，那么当博弈到第 t 阶段时，企业Ⅰ在第 j 个价值创造环节选择合作的收益为

$$\pi_{1j}^{(t)}(S^{-1j},c)=\frac{1}{n_1}\frac{[a_1(t)E_1]^m[a_1(t)E_1+a_2(t)E_2]}{[a_1(t)E_1]^m+[a_2(t)E_2]^m}-c, \tag{5-1}$$

其中，S^{-1j} 表示企业Ⅰ除了第 j 个环节之外其他 n_1-1 个环节的选择。如果企业Ⅰ在第 j 环节选择独立运作，则企业Ⅰ中将存在 $a_1(t)-1$ 个合作环节，由此所得的第 j 个价值创造环节的收益为

$$\pi_{1j}^{(t)}(S^{-1j},0)=\frac{1}{n_1}\frac{\{[a_1(t)-1]E_1\}^m\{[a_1(t)-1]E_1+a_2(t)E_2\}}{\{[a_1(t)-1]E_1\}^m+[a_2(t)E_2]^m}-c。 \tag{5-2}$$

上述两式如果有 $\pi_{1j}(S^{-1j},c)>\pi_{1j}(S^{-1j},0)$，即在第 j 个价值创造环节选择合作的收益大于独立运作的收益时，企业Ⅰ在该环节就会选择合作而非独立运作，此时

$$c<\pi_{1j}(S^{-1j},c)-\pi_{1j}(S^{-1j},0)。 \tag{5-3}$$

(5-3)式是企业Ⅰ在价值创造的第 j 个环节上选择协同而不是独立运作的充分必要条件。同理可得企业Ⅱ在价值创造的第 j 个环节上选择协同而不是独立运作的充分必要条件。

假设 p 为企业主体Ⅰ采用竞争策略的比例，$1-p$ 为企业主体Ⅰ采用协作策略的比例；q 为企业主体Ⅱ采用竞争策略的比例；$1-q$ 为企业主体Ⅱ采用协作策略的比例。由此可知：企业主体Ⅰ采取竞争策略的期望得益为

$$\pi_1 = qa_1(t)E_1 + (1-q)[a_1(t)E_1 + \theta_1], \tag{5-4}$$

企业主体Ⅱ采取协作策略的期望得益为

$$\pi_2 = qa_1(t)E_1 - \theta_1 + (1-q)[a_1(t)E_1 + \Delta] \tag{5-5}$$

根据(5-1)式，经过简单运算后得到企业主体采用竞争策略的复制动态微分方程

$$\mathrm{d}p(t)/\mathrm{d}t = p(1-p)(\theta_1 - \Delta + \Delta q)。 \tag{5-6}$$

同理，可以得出企业主体Ⅱ采用竞争策略的复制动态微分方程

$$\mathrm{d}q(t)/\mathrm{d}t = q(1-q)(\theta_2 - \Delta + \Delta p)。 \tag{5-7}$$

由此，价值网络中企业协作竞争的博弈演化过程可以由(5-2)式和(5-3)构成的微分方程系统来描述。可以找到系统的平衡点(p,q)：(0,0)，(0,1)，(1,0)，(1,1)和$(1-\theta_2/\Delta, 1-\theta_1/\Delta)$。而系统平衡点的稳定性可由该系统相应的雅克比矩阵的局部稳定分析获得。对(5-2)式和(5-3)式依次求关于 p 和 q 的偏导数，可得出雅克比矩阵为

$$J = \begin{bmatrix} (1-2p)(\theta_1 - \Delta + \Delta q) & p(1-p)\Delta \\ q(1-q)\Delta & (1-2q)(\theta_2 - \Delta + \Delta p) \end{bmatrix}。 \tag{5-8}$$

根据局部稳定分析法可以判断这 5 个平衡点的局部稳定性，结果见表 5-2。

表 5-2　平衡点局部稳定性

平衡点(p,q)	J 的行列式及符号	J 的迹及符号	局部稳定性
(0,0)	$(\theta_1-\Delta)(\theta_2-\Delta)(+)$	$\theta_1+\theta_2-2\Delta(-)$	ESS
(0,1)	$\theta_1(\Delta-\theta_2)(+)$	$\theta_1+\Delta-\theta_2(+)$	不稳定
(1,0)	$\theta_2(\Delta-\theta_1)(+)$	$\theta_2+\Delta-\theta_1(+)$	不稳定
(1,1)	$\theta_1\theta_2(+)$	$-\theta_1-\theta_2(-)$	ESS
$(1-\theta_2/\Delta,$ $1-\theta_1/\Delta)$	$\theta_1\theta_2(\Delta-\theta_1)(\Delta-\theta_2)/\Delta^2(-)$	0	鞍点

从表 5-2 可以看出，只有(0,0)和(1,1)两个平衡点具有局部稳定性，即该博弈演化模型的稳定策略(ESS)，是价值链协同主体企业Ⅰ和Ⅱ都采取协同或竞争的策略。该系统中存在(0,1)，(1,0)两个不稳定的平衡点和一个鞍点$(1-\theta_2/\Delta, 1-\theta_1/\Delta)$，因此价值链系统中两类价值博弈主体企业的动态演化过程可以用图 5-2 来描述。

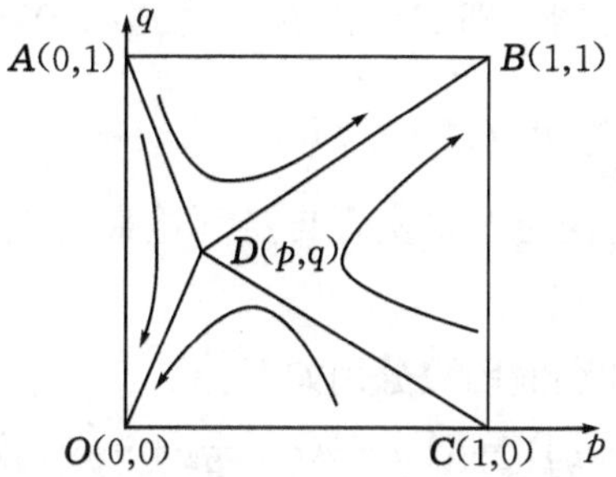

图 5-2　博弈动态演化过程图

从图 5-2 可知，A 和 C 两个不稳定点与鞍点 D 构成的折线，形成了协同企业间动态博弈演化中不同状态的临界线。由 $OADC$ 形成的区域演化博弈将收敛于 O 点，是相互协作区域；由 $ABCD$ 形成的区域演化博弈将收敛于 B 点，是相互竞争区域。由此，价值网络中企业的协作竞争博弈可以向两个方向进行演化，既可以采取相互协作的策略，也可以采取相互竞争的策略，这两种策略都是演化稳定策略。

(2)博弈均衡模型

企业各个价值环节在不断地博弈过程中逐渐实现协同，协同区域逐渐扩大，并逐步达到纳什均衡状态。

假定企业主体Ⅰ价值创造环节的状态给定时，企业主体Ⅱ在价值创造环节上选择协同或独立运作策略的纳什均衡分为以下几种情况：

①当 $t\to\infty$时，$a_2(t)=0$，且 $\theta_2\leqslant 0$，即企业主体Ⅱ在所有价值创造环节上都选择独立运作的稳定纳什均衡状态。

②当 $t\to\infty$时，$a_2(t)=n_2$，且 $\theta_2>\Delta$，即企业主体Ⅱ在所有价值创造环节上都选择协同的稳定纳什均衡状态。

③当 $t\to\infty$时，$0<a_2(t)<n_2$，且 $\theta_2\in(0,\Delta)$，是一种介于上述两者之间的稳定或不稳定纳什均衡状态。

通过改变标号就可以得到企业主体Ⅰ针对价值创造环节进行协同与独

立运作选择的相应性质。

在纳什均衡状态时,假设市场有 n 个建筑施工企业,各企业产量为 $q_i(q_i \geqslant 0, i=1,2,\cdots,n)$,设各企业生产固定成本均为 C,边际成本均为 c,建筑市场价格为 P,则建筑施工企业 i 的利润函数为

$$\pi_i = Pq_i - cq_i - C, \tag{5-9}$$

其中,P 是总产量 Q 的函数,即 $P=a-bQ(a>c,b>0)$。

所以,$\pi_i=(a-b\sum_{i=1}^{n} q_i)q_i-cq_i-C$。

如果各家企业自主决定产量实现自身利益最大化,则对利润函数求一阶偏导数得纳什均衡解。

市场中的 n 家企业利润函数分别如下:

$$\begin{cases} \pi_1(q_1,q_2,\cdots,q_n)=q_1[a-b(q_1+q_2+\cdots+q_n)]-cq_1-C, \\ \pi_2(q_1,q_2,\cdots,q_n)=q_2[a-b(q_1+q_2+\cdots+q_n)]-cq_2-C, \\ \vdots \\ \pi_n(q_1,q_2,\cdots,q_n)=q_n[a-b(q_1+q_2+\cdots+q_n)]-cq_n-C, \end{cases} \tag{5-10}$$

对以(5-10)式各式分别求关于 $q_1,q_2,\cdots,q_n$ 的偏导数并令其等于零,得

$$q_i^* = \frac{a-c}{(n+1)b}, \tag{5-11}$$

所以均衡价格

$$P=c+\frac{a-c}{n+1}, \tag{5-12}$$

此时各企业利润为

$$\pi_i(q_i^*)=\frac{(a-c)^2}{(n+1)^2 b}。 \tag{5-13}$$

如果 n 家企业追求利润之和最大化,则利润之和 $\pi=\sum_{i=1}^{n}\pi_i=Q(a-bQ)$,对此式求导得利润和最大时各企业的总产量为 $Q^*=\frac{a-c}{2b}$,建筑市场价格为 $P=c+\frac{a-c}{2}$,利润之和最大值 $\pi=\frac{(a-c)^2}{4b}$。

5.3 建筑施工企业横向价值链协同机制

5.3.1 价值分配机制

价值在各建筑企业间的合理分配可以稳定价值链联盟,企业实行价值链

协同管理的目标就是利益最大化，价值分配的多少是对企业价值的认可。合理的价值分配机制将为横向价值链企业间协同管理提供基础，也为企业扩大价值活动创造提供机会。

(1)价值分配的顺序

价值分配是一项复杂的系统工程，价值分配的依据是企业投入资源和承担风险、合作积极性和效率。价值分配首先是投入资源和承担风险的补偿，然后是剩余收益的分配。

①投入资源的价值补偿

在价值分配中，首先要对合作企业投入的资源进行价值补偿。企业投入的资源包括有形资源和无形资源以及为维持合作关系投入的资源。在对投入资源的补偿时，首先要对企业投入的资源数量进行计量，然后考虑企业所处行业的平均利润率确定补偿标准。

$$V_{1i}=I_i\times K_i\times M_1, \tag{5-14}$$

其中，V_{1i}为企业i投入资源的价值补偿量；K_i为企业i所处行业的平均投资报酬率；M_1为调整系数，根据价值链中投入资源总量和创造价值量确定。

②承担风险的价值补偿

在价值链中，每个企业为合作关系的维持都需要承担一定风险，根据风险补偿原则，风险共担，收益共享，需要根据企业承担风险的大小进行一定的风险补偿。

$$V_{2i}=R_i\times\beta_i\times M_2, \tag{5-15}$$

其中，V_{2i}为企业i承担风险的价值补偿量；β_i为企业i所处行业的平均风险报酬率；M_2为风险报酬调整系数。

③剩余收益的分配

剩余收益指的是价值链创造的价值中除去资源创造的价值和风险价值后剩余的价值。对于这部分价值的分配有很多种形式，可以按照平均分配的方法分配，也可以按照企业的绩效水平分配。横向价值链协同中的企业是一种合作关系，企业对价值链的贡献已经通过资源的价值补偿和风险的价值补偿体现，所以为了体现“共同创造价值”的理念，本研究认为剩余收益的分配应当采用平均分配的模式，以体现公平、平等的分配原则，而且可以更好地调动企业(特别是小企业)参与价值链的积极性。

(2)价值分配的监督机制

对于价值链的价值分配,各方的利益均衡很难完全实现,企业间相互侵占对方利益的行为经常发生,为保证价值分配机制的顺利运行,应该在各方利益均衡的基础上,建立完善的监督机制。

①设立价值分配监督主体。监督主体主要负责对企业贡献的考核、建立价值分配的标准,协调、处理企业间因为价值分配出现的矛盾。监督主体可以由各利益相关者组成,并邀请外部专家参与,或者直接在价值链外部,建立独立的第三方机构,通过第三方机构的客观公正性及权威性,来参与实现价值链收益的公平合理分配。

②建立价值分配标准。根据目前市场竞争状况,参考同行业数据,定期召开企业之间的协商会议,确定企业间价值分配的方法和程序。

③处理价值分配矛盾。对于企业间因价值分配出现的矛盾,监督机制应当按照规定的程序,在调查基础上,做出仲裁,协调企业间的矛盾。

5.3.2 调控机制

根据制度经济学的观点,调控机制属于企业组织的资源配置方式。调控机制来源于企业内部的权威,上级对下级的行政命令决定了企业内部资源交易的效率更高。但是,随着企业规模的扩大,过多的层级导致了信息传递的困难和部门之间的隔阂,即所谓的"大企业病",并且企业间的委托—代理关系也导致了过高的管理成本,如表5-3所示。

表5-3 不同组织形式的作用机制比较

组织形式	理论依据	资源配置机制	企业间关系	成本
市场	交易成本理论	价格机制	不同利益主体之间随机交易关系	交易成本
企业	交易成本理论	调控机制	同一利益主体内部层级关系	管理成本
横向价值链	交易价值理论 网络组织理论	价格机制、调控机制	不同利益主体之间长期合作关系	交易成本、管理成本

横向价值链可以解决企业边界扩大产生的管理成本过高问题。企业要

想获得规模经济效应，就要不断进行横向和纵向扩张，从而导致了管理成本的上升。从上面的分析我们可以看出，横向价值链可以减少交易成本，从而通过降低交易成本减少企业通过扩张控制资源的动机，使企业保持一个适当的规模，避免管理成本过高。

另外，横向价值链的治理模式可以发挥调节企业关系的作用。通过价值链治理，建立价值链治理机制，通过责权利的划分合理解决企业间的争端，减少为协调企业关系产生的成本，也可以保证价值链中小企业的利益不被强势企业侵占。

5.3.3 合作伙伴选择机制

建筑企业在组建横向价值链时，首先要对伙伴企业进行选择。伙伴企业的选择应该根据价值链的目标和战略，按照一定标准对待选企业进行选择。

(1)战略目标

战略目标是对企业战略经营活动预期取得的主要成果的期望值。战略目标的设定，同时也是企业宗旨的展开和具体化，是企业宗旨中确认的企业经营目的、社会使命的进一步阐明和界定，也是企业在既定的战略经营领域展开战略经营活动所要达到的水平的具体规定。企业的战略目标应当与价值链的战略目标吻合或相似。如果企业的目标与价值链的目标差别较大，很难想象这样的价值链能够长期存在并取得预想的成果。

(2)企业核心要素的互补性或相似性

企业的核心要素可能是企业的资产、资本、技术、人才、客户网络等，是横向价值链伙伴选择的重要判断因素。对于同业横向价值链，首先根据价值链的目标和战略，决定选择互补性或相似性企业，然后对待选择企业进行判断。选择互补性企业，可以发挥企业间优势互补、资源整合的协同效应，有利于巩固和发展企业的核心竞争力，提升企业在同行业的竞争地位。选择相似性企业，可以发挥协同作战，提升竞争力。

(3)企业影响力

企业影响力指的是企业在同行业中对消费者甚至是对整个社会经济的影响范围和深度。企业影响力是企业规模、信誉、品牌、社会责任、企业文化、管理制度等的综合体现。在选择合作伙伴时，企业影响力是一个重要的参考标准。“大树底下好乘凉”，对于影响力小的企业来讲，与影响力大的企业结盟，不但可以通过共享企业形象、资源或业务行为获利，还可以在与其合作中分享业务行为的扩散效应从而提升企业的竞争力。但同时，也要考虑到与大企业的结盟的风险问题。由于自身影响力较小，有时不得不受制于大企业，可能使得自己被迫调整运行模式甚至自身利益被侵占。大企业选择小企业，也要考虑到自身优势被模仿或者分享却不能获得相应收益的风险。所以，在选择企业时，应当在收益与风险和成本之间进行权衡。

(4)企业文化

企业文化是指企业在长期生产经营过程中形成的，组织成员所共同遵守的最高目标、价值观念、基本信念和认知，使企业经营管理方式和由此产生的组织行为的体现。企业文化是一种看不见的力量，渗透到企业的各个方面，优秀的企业文化可以引导组织成员的意志和行为同企业的目标一致，形成合力，对企业运营的各个方面都产生重要影响。但企业文化具有很强的异质性，不同的企业文化能否相互适应以形成共同的认知是价值链能否成功的重要因素之一。价值链中的企业众多，在价值链运作过程中，随着价值链宽度和深度的增加，企业文化的接触面和接触程度也在拓宽和加深，由于文化导致的差异和矛盾可能会逐步显现甚至是对抗。成功的价值链不仅是简单的合作关系或者是交易关系，而是更深层次的企业文化的融合，用文化的力量协调成员的信念和行为，可以减少价值链中的各种成本。在选择价值链合作伙伴时，在企业文化层面应当评估各自文化的兼容性，最优的方案是具有“共同或相似的文化”，如果没有，就要考虑是否能为共同的目标有效管理文化冲突及其管理的效果。

(5)其他因素

除了上述因素外，横向价值链在选择伙伴企业时，还应当考虑企业领导者的性格、信用水平、人力资源、企业所处行业、区域位置等因素。

本章小结

本章对建筑施工企业横向价值链协同内涵以及协同组成要素进行了详细的分析，并运用博弈论构建了横向价值链企业间的竞争协同博弈模型，在此基础上提出了横向价值链协同运行的机制，对价值链协同中的价值分配、调控和合作伙伴选择进行了分析。

6 建筑施工企业纵向价值链协同分析

6.1 建筑施工企业纵向价值链协同概述

6.1.1 建筑施工企业纵向价值链协同的概念及意义

建筑施工企业纵向价值链协同是指价值链中供应商、分包商、业主等各节点企业为了提高价值链的整体竞争力而进行的彼此协调和相互努力。各节点企业通过公司协议或联合组织等方式结成一种网络式联合体，在这一协同网络中，供应商、分包商和业主充分利用现代技术动态地共享信息，紧密协作，向着共同的目标发展，从而使整个链的成本最低、效益最高、收益最大。

建筑施工企业实施纵向价值链协同管理的目的主要是谋求中间组织效应，构建竞争优势群和保持核心文化的竞争力。协同的意义具体体现在以下方面：

(1)强化价值链协同关系

协同是打破企业之间的界限和壁垒，共享系统人、财、物、信息等资源，并对其进行协同开发、利用，为了共同目标而协调运作。随着经济全球化以及市场竞争的加剧，需要消耗大量人、财、物资源的建筑施工企业迫切需要通过价值链协同来实现资源利用的高效化以及价值实现的最大化，因此通过形成彼此信任的战略协同组织——纵向价值链即供应链来稳固和强化企业间的协同关系。

(2)发挥价值链协同效应

协同是为了获得更多的收益即协同收益。企业协同运作比独立运作可获得更大的竞争力以及更高的利润,即协同收益。由于施工企业的相似性,建筑施工企业的纵向价值链协同通过共享链上的资源和业务行为,从而取得价值创造的高效化,获得协同效益。

(3)降低企业风险

建筑施工企业在扩大规模的同时实现价值链协同来创造比竞争对手更多的价值。扩大规模可以产生规模效益,提升竞争力,然而与此同时也使企业灵活性降低、加强了退出壁垒。通过价值链协同可以保持企业的独立性和取得链上企业的帮助,从而降低企业的经营风险。

6.1.2　建筑施工企业纵向价值链协同的驱动力

建筑施工企业是以建筑产品生产为对象的物质生产部门,属于从事建筑生产经营活动的行业。建筑产品不同于一般的制造品,它具有不可移动性和明显的个性化特征。建筑施工企业通过投标与竞标,最后以业主认为合理的标价获得某一项目的建设权。建筑施工企业纵向价值链协同是以工程项目为载体,基于项目信息的共享,为达到项目的最优完成效果和项目参与方共赢的结果而采取的一种对工程项目的所有参与方(总承包商、业主、供应商等)协同集成化的管理模式。协同的驱动力主要有内部驱动力和外部驱动力。

(1)内部驱动力

①寻求中间组织效应。纵向价值链的企业之间存在一种介于组织内关系和组织外关系的中间组织关系。组织外关系企业间以竞争为主要手段实现自身利益最大化;组织内关系是企业以组织整体利益最大化为主实行集中控制。中间组织关系既不以整体利益最大化为主,也不以自身利益最大化为主,而是通过技术、资金、人才等交流实现协同运作,实现资源和业务行为的共享和协调运作。

②获取价值链优势。价值链是由所有创造价值的活动组成的。纵向价值链企业通过价值链的分解和整合,根据企业内部条件和市场环境,控制创造价值的关键环节,保留并强化战略重要性和利润水平高的环节,将不重要环节和不具有比较优势环节外包、分离出去,从而在市场上寻求合作伙伴进

行协同运作，取得价值链运作的效益最大化，培育企业竞争优势。

③构建竞争优势群。企业需要构建一组动态的竞争优势群来应对越来越激烈的市场竞争，竞争优势随着时间的变化而不断发生改变，因此纵向价值链上的企业需要积极寻找具有主导竞争优势的企业，通过价值链协同来共同组建竞争优势群，实现优势互补和合作双赢，并不断整合价值链资源，在强化各自的竞争优势的同时积极共同创造新的竞争优势。

④保持核心竞争力。在现在竞争激烈的市场环境中，企业很难做到各个环节的价值最大化运作，因此企业需要建立价值链协同来强化自身优势和消除自身劣势，通过共享价值链资源形成并保持企业核心竞争力，与纵向价值链各企业协调运作降低运营成本、提升整个企业的竞争力。

(2)外部驱动力

①全球化经营。经济全球化发展打破了原有的地理障碍，使企业进行跨国界、跨区域、跨文化的经营运作。然而由于不同国家、不同区域的资源分配不均等从而需要企业间建立全球化的协同运作组织来整合资源，实现每个企业及整个价值链的快速、低成本、高效率运行。因此在协同运作的过程中要克服语言、文化、关税等障碍，保证协同运行的高效化。

②业务外包。随着竞争的加剧，越来越多的企业开始专注于企业核心业务的发展而将企业非核心业务委托给高效的专业业务服务商，从而通过整合企业内部和外部资源培育企业核心竞争力，提高生产运作效率、降低成本。通过价值链协同可以实现不同企业间信息的快速共享和流通，通过与价值链企业形成利益共享的战略联盟，从而实现业务外包的高效率和稳定性。

③业主需求。业主对产品的需求逐渐提高，希望以尽可能低的价格取得满意的产品和服务，因此企业之间需要价值链协同取得更快的响应速度，按业主需求提供满意的产品和服务。

以上企业内外的动力驱使建筑施工企业与供应商、分包商、业主等进行高效的价值链协同管理，从而提升企业自身的竞争力以及整个纵向价值链创造价值的能力和效率。

6.2 建筑施工企业纵向价值链协同模型

建筑施工企业纵向价值链协同即供应链协同，是指从项目承揽开始到工程竣工交付的整个过程中涉及的供应商、承包商、建筑施工企业、分包商、业主和最终用户等组织成员为了供应链整体目标对系统进行整合优化，同步协调运作，降低工程成本、提高工程质量、缩短工期，实现整个链条的价值最大化。建筑施工企业纵向价值链协同是一个物流、信息流、资金流和价值流高度集成的集成系统。与制造业不同的是，建筑施工企业的产品生产过程的产品设计和质量监督一般由独立的法人单位完成，共同为创造符合业主需求产品而协同运作。物流包括原材料、设备等从供方流向需方，而资金流恰恰相反。信息流包括需求信息和供应信息，需求信息从需方向供方流动，如工程合同、采购订单；供应信息从供方流向需方，如入库单、完工报告。价值流是伴随着物流的移动，不断进行着价值增值的作业活动，直到最终客户接受建筑产品实现价值流整个过程的流动，如图 6-1 所示。

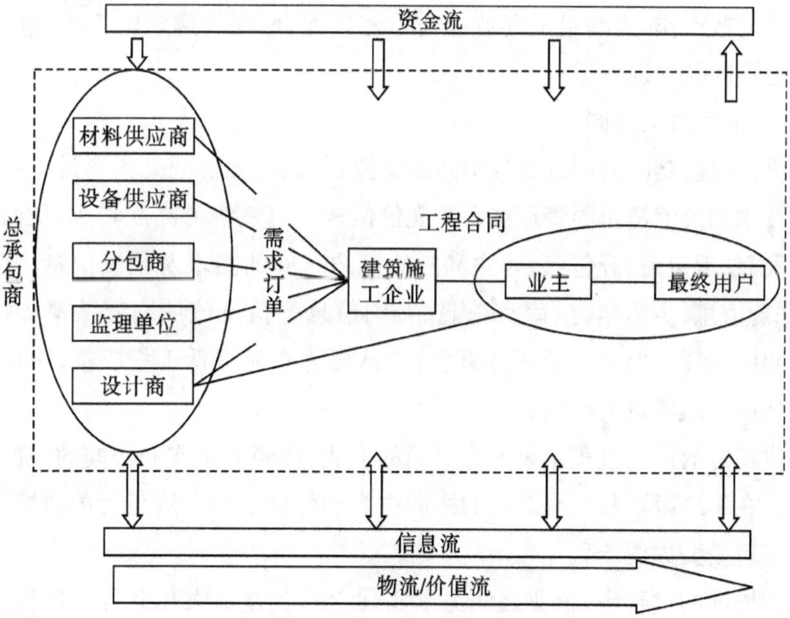

图 6-1　纵向价值链协同模型

企业在各个节点协同运作过程中，具体包括组织层面、业务层面以及信息层面三个方面的协同。

(1)组织层面协同

建筑施工企业与供应商、总承包商以及分包商、业主等为了最终用户的需求而协同运作，形成利益共享、风险共担的战略合作联盟，各组织以价值链利益最大化为目标，共享价值链资源，实现企业间高度信任和价值链高度协同。首先，企业要选择信誉度高、具有相近价值观和经营思想、核心竞争力强的企业作为战略合作伙伴；其次，各组织间以信息和资源共享为基础，实现文化开放、管理制度透明，建立起战略目标一致的合作信任关系，实现文化协同、战略协同、管理思想协同。

(2)业务层面协同

纵向价值链的各个企业业务流程不同，为了实现整个链条的价值最大化，各个企业必须实行高度的业务协同。首先最终用户和业主与总承包商签订工程合同，总承包商将工程分包给各个建筑施工企业，建筑施工企业与材料和设备供应商、监理商、设计商、分包商合作，实现建筑产品的形成。各个企业在信息高度共享的基础上，实现材料、设备的及时供应，建筑产品设计和监理的高效运作，为满足最终业主需求密切配合，促使建筑施工企业整个业务流程不间断地通畅运行。

(3)信息层面协同

纵向价值链的协同以信息协同为支撑，信息层面协同是指通过应用现代网络技术和价值链协同管理技术实现价值链信息系统的高度集成，从而实现供应商、总承包商、分包商、业主和最终客户之间的需求及预测信息、订单信息、采购信息、供给信息、库存信息、合同信息等信息流的高度共享和协同。信息协同保证了信息的透明和真实性，从而为企业降低工程成本、缩短工期和保证质量发挥重要作用。

供应链的协同过程主要分为协同的形成、协同的运作和协同的控制三个阶段。在每个阶段都有相对应的协同内容和保障协同顺利运行的协同机制。协同过程模型如图 6-2。

在协同的过程中，企业之间为了实现自身利益最大化会讨价还价，实施有利于自身的策略。本研究运用博弈论中的罗宾斯坦英的轮流叫价模型对其议价能力和议价力量进行分析。

罗宾斯坦英的轮流叫价模型是一个无限期完美信息博弈模型，假设有两个人分同一块蛋糕，首先第一个人出价，提出自己的分配方案 1，第二个人可以接受或拒绝，若接受则博弈结束；若拒绝，则第二个人还价，提出分配方案 2，第一个人同样可以接受或拒绝。如果接受则按方案 2 分配，如果拒绝，第一

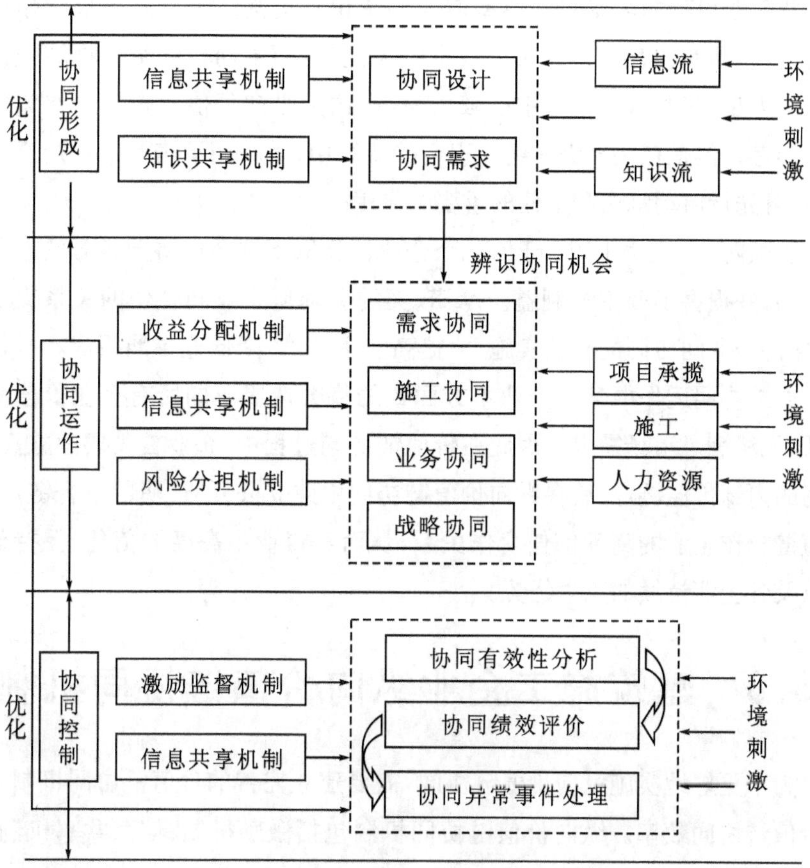

图 6-2　企业价值链协同过程模型

个人接着第二次出价，提出分配方案 3，如此反复直到最终达成一致。

假设两个参与人的贴现因子分别为 r_1, r_2，则当博弈进行到第 t 阶段时，参与人 i 进行出价，参与人 1 支付的贴现值为 $\pi_1 = r_1^{t-1} - x_i$，参与人 2 支付的贴现值为 $\pi_2 = r_2^{t-1}(1-x_i)$，并且罗宾斯坦英证明在无限期博弈中，唯一的子博弈均衡结果为：$x^* = \dfrac{1-r_2}{1-r_1 r_2}$，若 $r_1 = r_2 = r$，则 $x^* = \dfrac{1}{1+r}$。因此，如果给定 r_2，当 $r_1 \to 1$ 时，$x^* \to 1$，参与人 1 得到整个蛋糕，他将此行为称作“耐心优势”，也即谈判中的议价力量。除了这个耐心优势外，罗宾斯坦英认为先动也会存在优势。当 $r_1 = r_2 = r < 1$ 时，$x^* = \dfrac{1}{1+r} > \dfrac{1}{2}$，参与人 1 得到的份额比参与人 2 多，先出价的人占有优势，即具有较强的议价力量。

罗宾斯坦英的轮流叫价模型使我们认识到均衡结果由先动权和贴现因子决定,先动者和有耐心的人将获得较大优势,即主动权和耐心将增强谈判的议价力量,获取组织租金中的较大份额,这为纵向价值链企业合作竞争提供了参考。但是在关系交易组织租金的获取中,若利用承诺和信任规避交易费用,可先行启动承诺和信任的重要的作用。

在纵向价值链协同中,任何一个企业信誉低下都会使协同各方的形象受到影响,并损害了业主的利益。承诺、契约会降低企业间合作的关系交易费用,保持企业间协同的有效实施,为提高业主价值、降低业主购买成本提供保障。如果协同运作中某一企业单方面毁约将会造成协同所有企业价值链的中断,无法满足市场需求。因此在价值链协同过程中,企业首先要建立高效、顺畅的内部价值链,然后在纵向价值链协同中建立公开、透明的信誉链,保证价值链合作企业的高度信任合作关系,从而获得业主高度的信任,保持价值链以及各企业持续的竞争优势。

6.3 建筑施工企业纵向价值链协同机制

为了更好地实施纵向价值链协同,需要建立完善的价值链协同机制来提高价值链协同效率。纵向价值链协同机制包括激励机制、信息共享机制、收益分配机制及信任机制,如图 6-3 所示。

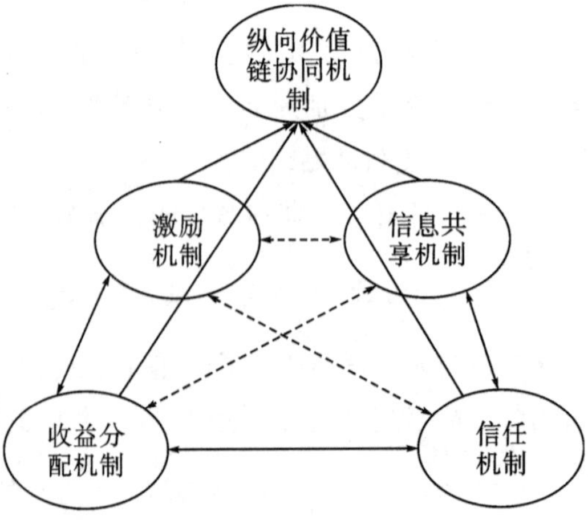

图 6-3　纵向价值链协同机制四维框架图

(1)收益分配机制

纵向价值链协同成员企业之所以愿意共享信息与资源,同意相互协作,是因为希望在加入价值链后能够获得更多的经济效益。收益分配机制是指按照成员企业在价值链中的作用和地位,从价值链的总收益中获得自己应得部分,为了确保收益分配的公平性,需要建立收益分配机制。收益分配机制是价值链协同的前提,是一种激励价值链协同各成员企业的重要手段,是调节成员企业行为的重要途径。主要有固定支付模式、产出分享模式和混合模式三种。信息的不对称性是导致收益分配不公平性的主要原因,进而导致企业间矛盾的产生,影响价值链协同的稳定,因此建立公平公正的收益分配机制是价值链实现长期协同运作的保障。

(2)信息共享机制

纵向价值链协同活动的衔接都是建立在充分的知识流和信息流基础之上的,因此在价值链运行的过程中要加强包括库存信息、订单信息、合同信息等的信息共享,然而在信息共享过程中还会遇到很多的阻碍,譬如处于上游的成员企业有可能为了自身的利益而不愿意进行信息的共享,或者出现信息传输过程中失真等现象。因此价值链需要建立信息共享机制来确保信息顺畅流动。信息共享机制是价值链协同的核心和基础,它是连接各成员企业的桥梁,通过信息的共享,加深了成员企业之间的了解,进而消除企业之间的相互猜疑,实现信息的共享,使资源得到合理充分利用,从而间接地影响了价值链协同的效果。

(3)信任机制

信任机制是纵向价值链协同的保障,是建立收益分配机制和信息共享机制的前提,它的建立能有效降低供应链成本,提高整条价值链反应速度,增强价值链成员企业组成的稳定性,进而提高价值链协同绩效。因此,若要提高节点企业之间协同的成熟度和保障其他协同机制的实施,就必须要建立信任机制。

(4)激励机制

激励机制保证了纵向价值链协同中其他机制的顺畅实施和价值链协同系统的长期稳定性,有利于实现价值链协同的最优。其内容包括激励的主体和客体、激励的目标以及激励的方式。在建筑施工企业的纵向价值链中,激励客体既包括供应商、分包商,同时也包括成员企业内部的员工,激励的主体主要是核心建筑施工企业。

6.3.1 收益分配机制

(1)收益分配的影响因素

在建筑施工企业的协同纵向价值链中,由于每个协同成员都是一个独立的实体,因此它们都拥有各自的特征和信息,因此在价值链中必然存在着信息的不对称性,这成为影响价值链协同收益分配的主要因素。

一般有两种信息的不对称性贯穿于建筑施工企业的价值链协同中。第一种是外生性非对称信息。这种信息是在价值链成员企业建立协作关系之前就已经存在于各个成员企业中,是成员企业自身所拥有的一些特征,而不是外因所造成的。如一个企业自身的核心竞争力、员工的结构和素质、产品和服务的质量等。第二种是内生性非对称信息。这种信息是在价值链中各成员企业之间建立协同关系以后存在的。主要原因是来自于各节点企业的投机行为,如工作怠慢、遇到问题互相推卸责任等。这两类信息的非对称性造成了价值链协同收益分配的不对称性。

如何对这两类非对称信息做好协调成为解决好价值链协同收益分配的一个关键。对收益分配的研究常用的方法是博弈论。博弈论分为两种,一种是合作博弈,另外一种是非合作博弈。合作博弈是相对于已经合作的企业而言,研究如何分配其合作后的收益。对于价值链协同来讲,整条价值链是一种合作博弈的关系,但是各成员企业在追求自身收益最大化的过程中又属于非合作博弈的范畴。因此,我们可以从博弈论的角度对建筑施工企业纵向价值链协同分配机制进行研究。

(2)收益分配的博弈模型

本研究依据建筑施工企业纵向价值链的特点,采用 Shapley 博弈模型对其供应链收益分配进行研究与探讨。

①Shapley 模型。Shapley 值法是由 L. S. Shapley 提出的适用于分配最大收益的一种方案。设集合 $N=\{1,2,\cdots,n\}$,如果对于 N 的任一子集都对应着一实值函数 $v(c)$,满足:

$$V(\varnothing)=0,V(C_1\cup C_2)\geqslant V(C_1)+V(C_2),\quad C_1\cap C_2=\varnothing, \tag{6-1}$$

则$[N,V]$为合作博弈,V 为特征函数。

若合作对策的分配用 $X=(X_1,X_2,\cdots,X_n)$ 表示，则合作成功的条件为：

$$\sum_{i=1}^{n} x_i = v(i), \quad x_i \geqslant v(i), \quad i=1,2,\cdots,n, \tag{6-2}$$

则在上述定义和公理的基础上，对任意 n 人合作博弈 $[N,V]$，存在唯一的一个向量函数

$$\boldsymbol{\varphi}_V = [\varphi_1(v),\varphi_2(v),\cdots,\varphi_n(v)], \tag{6-3}$$

$$\varphi_i(v) = \sum w(|c|)[v(c)-v(c\backslash i)] \quad i=1,2,\cdots n, w(|c|) = \frac{(n-|c|)!\ (|c|-1)!}{n!}。 \tag{6-4}$$

上述公式即为 Shapley 值模型，其中，N 表示整条价值链中所含企业的个数；$v(c)$ 为子集 c 能得到的最大效益；$V(c\backslash i)$ 是子集 c 中除去企业 i 后得到的最大效益；$w(|c|)$ 为加权因子，是由价值链协作 N 的企业数决定的。

②模型应用。本研究以单一的包含有供应商(S)、分包商(M)、建筑施工企业(W)和业主(R)的四级价值链为实体，运用 Shapley 值模型对其进行收益分配，则每一企业参与的协作形式有 8 种。

假设四个企业独立经营时的利润均为 $\lambda=1$，$S\cup M$，$S\cup W$，$S\cup R$，$S\cup M\cup W$，$S\cup M\cup R$，$S\cup W\cup R$，$S\cup M\cup W\cup R$ 时获得的利润分别为 5，7，4，10，9，12，13；$W\cup M$，$R\cup M$，$W\cup R$，$W\cup M\cup R$ 时获得的利润分别为 5，6，8，10，根据 Shapley 值模型，则供应商(S)的利润分配如表 6-1 所示。

表 6-1　供应商(S)的利润分配计算

C	S	$S\cup M$	$S\cup W$	$S\cup R$	$S\cup M\cup W$	$S\cup M\cup R$	$S\cup W\cup R$	$S\cup M\cup W\cup R$
$v(c)$	1	5	7	4	10	9	12	13
$v(c\backslash s)$	0	1	1	1	5	6	8	10
$v(c)-v(c\backslash s)$	1	4	6	3	5	3	4	3
$\|c\|$	1	2	2	2	3	3	3	4
$w(\|c\|)$	1/4	1/12	1/12	1/12	1/12	1/12	1/12	1/4
$w(\|c\|)*[v(c)-v(c\backslash s)]$	1/4	1/3	1/2	1/4	5/12	1/4	1/3	3/4

则 $\varphi_S(v)=1/4+1/3+1/2+1/4+5/12+1/4+1/3+3/4=37/12$。

分包商(M)的利润分配如表 6-2 所示。

则 $\varphi_M(v)=1/4+1/3+1/3+5/12+1/4+5/12+1/6+1/4=29/12$。

同理求得 $\varphi_W(v)=1/4+1/3+1/3+7/12+5/12+2/3+1/6+1=45/12$，$\varphi_R(v)=1/4+1/4+5/12+7/12+1/3+5/12+5/123/12=41/12$。

表 6-2　分包商(M)的利润分配计算表

C	M	$S\cup M$	$M\cup W$	$M\cup R$	$S\cup M\cup W$	$S\cup M\cup R$	$M\cup W\cup R$	$S\cup M\cup W\cup R$
$v(c)$	1	5	5	6	10	9	10	13
$v(c\backslash m)$	0	1	1	1	7	4	8	12
$v(c)-v(c\backslash m)$	1	4	4	5	3	5	2	1
$\|c\|$	1	2	2	2	3	3	3	4
$w(\|c\|)$	1/4	1/12	1/12	1/12	1/12	1/12	1/12	1/4
$w(\|c\|)*[v(c)-v(c\backslash m)]$	1/4	1/3	1/3	5/12	1/4	5/12	1/6	1/4

(3)帕累托最优检验

由计算结果可知：

$$\varphi_S(v)=37/12>\lambda_s=1,$$

$$\varphi_M(v)=29/12>\lambda_m=1,$$

$$\varphi_W(v)=45/12>\lambda_W=1,$$

$$\varphi_R(v)=41/12>\lambda_R=1,$$

$$\varphi_S(v)+\varphi_M(v)=37/12+29/12=66/12>\lambda_{S\cup M}=5,$$

$$\varphi_W(v)+\varphi_M(v)=45/12+29/12=74/12>\lambda_{W\cup M}=5$$

同理，$\varphi_w(v)+\varphi_R(v)>\lambda_{w\cup R}$，

$$\varphi_S(v)+\varphi_M(v)+\varphi_W(v)>\lambda_{W\cup S\cup M},$$

$$\varphi_R(v)+\varphi_M(v)+\varphi_W(v)>\lambda_{W\cup R\cup M},$$

$$\varphi_S(v)+\varphi_M(v)+\varphi_W(v)+\varphi_R(v)>\lambda_{W\cup R\cup M\cup S}。$$

从结果中可以发现其分配达到了帕累托最优。

(4)优化措施

通过上述分析,发现运用 Shapley 值模型对收益进行分配是比较公平的,但就建筑施工企业纵向价值链来讲,因为它是一个多级动态的复杂网状结构,且成员企业在知识、创新、风险分担方面都会存在差异,因此在实际的利益分配中还要考虑很多因素的干扰作用。若要实现建筑施工企业利益分配的最优,可以采取以下措施:

①改进 Shapley 值模型。在实际分配时,要将企业在价值链协同中作出的努力的大小、企业投入资本的增值率和价值链协同中遇到的风险等因素都考虑进去,因此可以通过引入风险因子的方式对 Shapley 值模型进行改进,使其更加适用于对建筑施工企业的利益分配。

②遵从多种分配原则。企业在制定分配方案时,要按照互惠互利、收益和风险正相关以及个体合理原则,即在每个成员企业的基本利益得到基本保证的基础上,又考虑到成员企业所能承担的风险的大小,按照风险和收益正相关的原则,对承担风险大的企业给予一定的补偿。

6.3.2 信息共享机制

(1)信息共享机制的类型

建筑施工企业纵向价值链协同信息共享机制的设计主体有两种:一种是以价值链中的一个或者多个核心企业为主体,并与其他成员企业之间形成一种委托代理的关系;另一种就是价值链中各成员企业共同参与设定。根据制定协同机制主体的不同,可以把信息共享机制分为两类。

①委托代理关系下的信息共享机制。委托代理关系指的是在建筑施工企业纵向价值链中将一个或者多个核心企业与其成员企业之间的关系。核心企业作为代理方,在价值链协同中处于关键的位置,承担着价值链协同中遇到的大部分的风险。按照收益-风险协同机制相一致的原则,核心企业同样也是价值链收益中的最大获得者,因此,为了获得更多的协同收益,核心企业一般都比较向往信息的共享。但对于在价值链收益分配中占据少量利润的少数成员企业来讲,它们可能为了自身的利益,不愿意将所得的信息进行分享,因此这种委托代理关系下的信息共享机制,还需要通过建立一些激励机制来对其进行协助,在信息结构不改变的情况下,对各成员企业在信息共

享中的投入进行激励，降低在信息共享中可能存在的一些风险。

②地位均等关系下的信息共享机制。地位均等关系指的是在建筑施工企业纵向价值链中各成员企业之间的关系是对等的，因此信息的传递和共享是双向的。不仅成员企业给核心企业传递信息，核心企业拥有的信息也要和成员企业进行分享。这种信息共享机制要求成员企业的决策者之间通过协商后制定，其目标是为了实现整条价值链收益的最大化。

(2)信息共享机制的协同分析

本研究针对建筑施工企业纵向价值链的特点，以供应商、核心企业和业主为协同主体，以提高价值链信息共享的收益、降低风险、缩小差距为价值链信息共享机制建立的出发点，以信息共享的激励机制和信息共享网络平台为平台，构建如图 6-4 所示的价值链信息共享机制的协同框架。

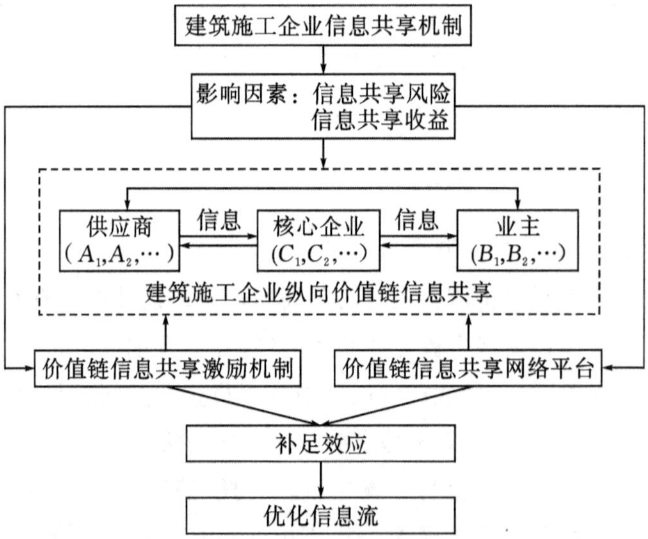

图 6-4 信息共享机制的协同结构

从图 6-4 可以看出，建筑施工企业纵向价值链信息共享机制的关键是核心企业的信息协同，并且各成员企业之间对信息的共享是双向的而且是复杂和多层次的。无论是供应商、核心企业和业主之间还是它们内部之间都存在着信息的共享和转移。同时在进行信息共享的过程中又会受到价值链风险等因素的干扰，因此需要建立信息共享激励机制和信息共享网络平台进行支撑。

①核心企业。核心企业是整条价值链顺畅运行的关键,其作用就在于对价值链中的各节点企业进行组织管理,使其在从事各项活动时都能够考虑到价值链的整体效应。但价值链各成员企业之间的相互独立性,又会使得它们在进行活动时会从自身的利益出发,不惜损害其他成员利益,隐瞒一些重要的信息资源,进而严重损坏了整体价值链的协同效果。对此,核心企业需要建立委托代理信任机制,来约束价值链各成员企业的行为。企业之间的相互监督,能够有效抑制危害价值链整体利益的不良行为的发生,也提高了价值链效率,降低了价值链成本。

②信息共享的网络平台。建筑施工企业价值链协同的信息共享网络平台是一种技术与信息的融合,即用技术来支撑价值链中的信息运作,能够从多角度、多方面地对信息共享中的风险进行防范,可以缩小成员企业在能力水平、企业文化等方面存在的差异。

③价值链信息共享激励机制

(a)成果评估机制。建立评估机制的目的是增强成员企业共享信息的积极性。由于成员企业对共享信息价值的认知存在一定的差异性,这种差异性可能会使其隐藏一些主要的隐性信息,因此需要在价值链中建立信息共享成果评估机制,将共享信息的多少和收益分配的大小相联系,从而降低成员企业的后顾之忧,实现信息的有效共享。

(b)技术支撑机制。复杂产品的高技术含量性决定了技术在其价值链协同中的重要地位,无论何种机制,若要顺利实施,都需要技术做支撑,信息共享机制也不例外。各成员企业通过获得技术方面的支持从而达到信息共享的目的。

6.3.3 信任机制

(1)纵向价值链协同中信任的形成机理

信任是价值链的关键组织原则,是价值链企业之间建立协同关系的前提和基础。建筑施工企业纵向价值链协同成员企业之间要建立信任关系,就要对其信任产生的机理进行研究分析。本研究重点从影响成员企业之间产生信任的前置因素、后置变量和外部环境三个方面对其产生机理进行研究,如图 6-5 所示。

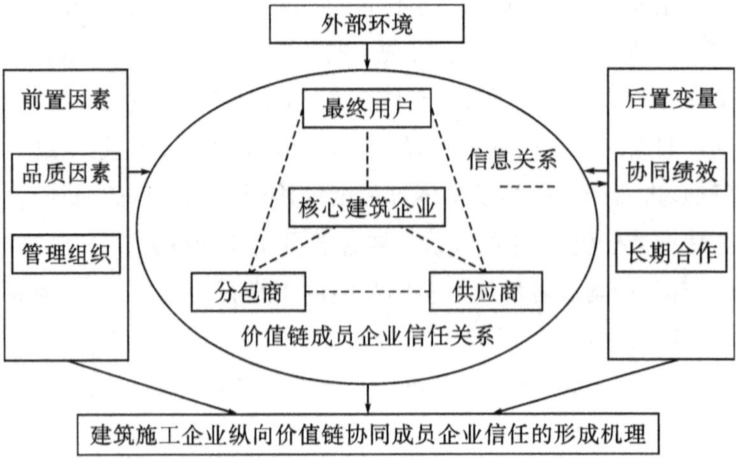

图 6-5　纵向价值链协同成员企业信任的形成机理

①前置因素。影响建筑施工企业纵向价值链协同成员间建立信任关系的前置因素主要有企业的品质因素和企业组织内部管理控制两个方面。

(a)品质因素。企业的品质因素主要包括两个方面。一是企业的信誉和资质。企业的信誉是其行为在市场中的体现,是其他企业对其的综合评价。一个信誉高的企业即使在对方对其还不是太了解的情况下也会赢得对方的信任,从而提高合作或交易的成功率。反之,一个信誉度极低的企业,会因为对方的不信任而失去合作交流的机会。二是拥有"双赢"观念。价值链各协同成员企业之间要树立共同的目标,明确合作的目的,拥有"双赢"的观念,追求价值的共享,加强彼此间的沟通,这样才有利于信任关系的建立,同时成员企业间的信任又推动了"双赢"的实现。

(b)组织内的管理控制。对于建筑施工企业纵向价值链来讲,其极其复杂性和动态性使得成员企业之间的信任关系是很不牢固的。因此要维护和增强价值链成员间的信任关系,就应该加强组织内部的管理控制作用,通过信息共享、奖惩、激励、淘汰等措施来减少部分成员的投机行为的发生。

②后置变量。影响建筑施工企业纵向价值链协同成员间建立信任关系的后置变量主要有协同绩效和成员企业之间的长期合作两个方面。

(a)协同绩效。成员企业之间良好的信任关系能够使供应链实现信息、技术和知识的共享,防范机会主义和道德风险的发生,从而提高了价值链协同的绩效。

(b)长期合作。信任关系是成员企业之间建立长期合作关系的基础。信任从三个方面影响了成员企业之间的长期合作:一是信任提高了成员企业的信心;二是信任降低了机会主义行为的发生;三是信任降低了成员企业之间交易的成本。

③外部环境因素

(a)专用资产投资。专用资产投资是企业为了提高交易能力和转换成本,维护伙伴间的合作关系,在对可能面临的各种风险进行分析和衡量的基础上,在技术、产品服务、人力、资金等方面进行的投入。专用资产投资提高了成员企业间的信任度。

(b)沟通交流。成员企业之间信息的不对称造成了信息的不完全共享,同时关键信息的共享有可能让对方了解到自己的弱点,造成机会主义行为产生,因此企业之间需要及时地进行沟通交流,对成员企业之间存在的问题及时地进行处理,从而维护已经建立起来的信任关系。

(2)价值链协同信任机制的构建

要实现纵向价值链的协同运作,协同成员企业之间的信任是关键。因此,若要加强节点企业之间的合作,巩固价值链之间的协同,提高整条价值链的核心竞争力,就要建立信任机制。

建筑施工企业纵向价值链协同信任机制的建立不仅受价值链内部因素的影响,还受到诸如法律法规的约束、信任风气和信任体系的健全程度等价值链外部因素的影响,本研究重点从其内部影响因素的角度来对价值链协同信任机制的构建过程进行研究,其构建过程如图 6-6 所示。

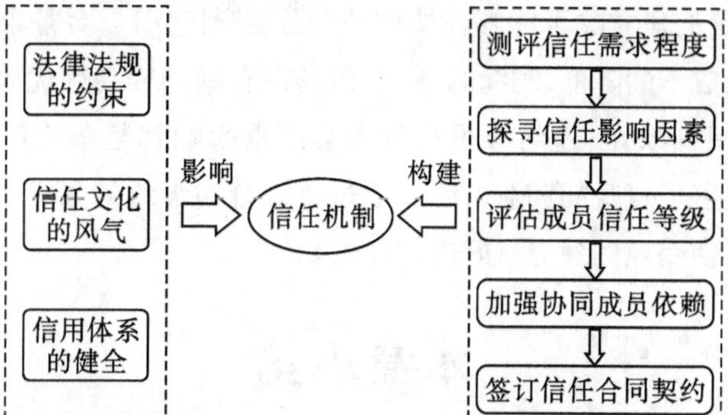

图 6-6 纵向价值链信任机制的构建过程

①测评信任需求程度。市场需求的不断变化，价值链结构的不同，使得信任的需求程度在价值链的不同环节上也存在不同，这就要求企业首先要掌握好不同环节价值链对信任的需求程度，然后再建立价值链协同信任机制。

②探寻信任影响因素。明确影响价值链信任机制的关键因素是建立信任机制的基础和前提，并能够在信息机制优化中起到反馈作用，使管理人员依据这些影响因素，有针对性和目的性地对供应链的各个环节中信任机制进行优化。

③评价成员信任等级。价值链协同成员是构成整条价值链的实体，在构建价值链协同时，成员选择的恰当与否直接影响价值链协同的绩效。因此在选择协同成员时，既要考虑成员的核心竞争能力和自身素质，同时也要考虑其信任等级。对于协同成员信任等级的评价可以通过企业文化、商誉、资质等途径来获得。

④加强协同成员依赖。价值链协同伙伴之间并不是独立的，而是彼此依赖的，成员间的信任也形成于依赖，这里的依赖体现在技术和创新能力、资源优势等方面上。依赖性越强，彼此之间的信任度也就越高。一般而言，在协同的初期，由于企业之间彼此不太了解，依赖程度也就较低，但随着彼此间了解程度的不断加深，外部市场环境的不断变化的刺激作用，促使了企业之间依赖程度的提高，进而也提高成员企业间的信任程度。

⑤签订信任合同契约。在价值链中建立信任机制后，成员企业之间也要签订合同契约，它是保证信任机制顺畅运行的一种监督和激励方式。同时可以通过建立收益分配、惩罚、淘汰机制等协同机制来辅助信任机制的有效实施。信任机制的建立除了能够使协同成员了解到它们会对整条价值链带来效率的提高、成本的降低、利润的增加、市场占有率的提高等优势外，同时，也要使它们意识到欺诈、违约等投机行为会严重影响到整条价值链的协同效益，从而也损害了自身的利益。因此通过签订合同契约的方式来约束它们的投机行为，促使企业间建立良好的信任机制。

本章小结

本章对建筑施工企业纵向价值链进行了分析，包括纵向价值链的协同内涵和协同驱动力，并构建了纵向价值链协同模型，提出了纵向价值链协同的机制，为建筑施工企业纵向价值链协同管理提供了理论指导。

7 建筑施工企业价值链协同绩效评价

7.1 价值链协同绩效评价的内涵

目前对价值链协同绩效的评价研究尚少，但是随着竞争的加剧，价值链协同理论应用范围逐渐扩大，为了更好地实施价值链协同，提高协同效率，需要科学、客观地对价值链协同绩效进行综合评价，从而发现协同中的问题并逐步加以改进，最大限度提高协同效益，增强企业价值创造能力。

价值链协同绩效评价是指运用一定的数学方法，对价值链各成员在先进的信息技术和良好的沟通协作下，通过工程项目施工整个过程中的项目承揽、施工、服务等活动创造的价值总和进行定性和定量的综合度量。其中价值总和包括业主价值和价值链价值，业主价值是业主和最终用户得到最终建筑产品和服务获得的价值。价值链价值是各成员通过价值链协同运作增加和创造的价值。上述定义具有如下特点：

(1)静态性和动态性相结合。价值链协同绩效评价不仅是一个静态的评价结果，而且可以反映产生该结果的活动和过程，两者可以综合应用对价值链协同整个过程效果进行评估。

(2)可组合性和可分解性。价值链协同绩效是各种活动创造的业主价值和价值链价值两部分的总和，每一部分可以分解为不同的价值组合，因此在实际应用中，人们可以根据实际情况和评价目的需要合理地选取部分组合，使用简洁方便。

对建筑施工企业价值链协同绩效进行综合评价，首先，要在建筑施工企业价值链协同分析的基础上建立一套合理的综合评价指标体系；其次，运用数学方法建立科学的综合评价模型；最后，对评价结果进行解释说明。通过对建筑施工企业价值链协同绩效的综合评价，可以科学地度量企业价值链协同的效果，为企业选择价值链协同企业以及价值链协同的高效管理提供一定的依据。

7.2 价值链协同绩效评价指标体系设计

7.2.1 评价指标体系的构建原则

对建筑施工企业价值链协同绩效进行评价，必须根据建筑企业的行为特点、业务特点、内外部情况等因素建立一套科学的、合理的综合评价指标体系。建筑施工企业价值链协同绩效评价指标体系是以评价目标为依据，按照系统论方法建立的、能够反映价值链被评价企业协同行为绩效的相关指标组成的体系结构。评价指标体系是价值链协同绩效评价的载体，体现了价值链协同绩效评价的基本内容，是价值链协同绩效评价的重要组成部分。因此价值链协同绩效评价指标体系必须可以客观地体现价值链协同的基本内容，根据价值链协同要素和目标，建立逻辑严密、结构合理、互相补充的体系结构。在建立评价指标体系时应遵循以下原则：

(1)全面而独立性

建筑施工企业价值链系统复杂并且不断变化，包括动态变化的若干子系统，因此在选取综合评价指标时要考虑全面，系统地选取既能反映整体协同水平，又可以表现子系统协同情况的指标，但是在选取的过程中也要考虑指标的独立性，避免指标的重复交叉，从而尽量减小误差、提高评价的准确性。

(2)客观而真实性

评价指标要客观、真实地反映建筑施工企业价值链的影响因素和协同运作水平，避免主观因素的影响，从而准确地反映协同绩效水平。

(3)简洁而代表性

在系统、全面地选取评价指标的同时，要考虑指标的简洁易懂、重点突出，可以很好地代表协同运作水平，尽量消除繁杂地对评价结果影响较小的指标，并且指标要定量和定性相结合。

(4)经济而适用性

指标选取要充分考虑内外部环境，以统计指标为基础，选取简便使用、易于收集、分析和量化计算的指标，并且要考虑经济性，获取指标成本小于收益，操作性强。

通过对建筑施工企业价值链协同要素、模型和机制的详细分析，了解到建筑企业协同运作的主要流程组成和影响因素，各要素是一种多层次的动态关系，因此在建立评价指标体系时，需要多角度、全方面考虑影响协同运作的因素，尽可能全面找寻绩效评价指标，从而使评价结果科学合理，客观性、准确性强。

根据价值链理论，评价指标不是孤立地反映一个企业的经营运作情况，而是要科学地反映价值链协同运作情况、节点企业间的协同运作关系以及协同运作产生的效益。价值链协同绩效评价指标应具有以下几个特点：

①价值链协同绩效评价是对整个价值链系统的所有运作流程进行科学的评价，覆盖范围广、系统性强。

②价值链协同绩效评价指标侧重于评价系统中各协同企业的关系、协同收益以及对整个价值链系统的影响分析。

③价值链协同绩效评价指标应能够对价值链运作过程中的增值活动和效益作出正确的判断和分析。

④价值链协同绩效评价指标能突出协同运作的内容和协同收益。价值链上的企业进行协同运作的目标都是为了能提高业主价值，从而增加企业效益，因此评价指标可以反映协同的内容以及收益水平。

7.2.2　评价指标体系的构建

根据建筑施工企业的特点及其产品特点，本研究建立了建筑施工企业内部价值链、横向价值链和纵向价值链协同绩效评价指标体系。

(1)内部价值链协同绩效指标设计

内部价值链协同绩效评价指标体系如表 7-1 所示。

表 7-1 内部价值链协同绩效评价指标体系

总目标	一级指标	二级指标
内部价值链协同绩效评价 A	管理 B_1	进度管理 C_{11}
		质量管理 C_{12}
		成本管理 C_{13}
		安全管理 C_{14}
		风险管理 C_{15}
		合同管理 C_{16}
		信息管理 C_{17}
	经营 B_2	资产负债率 C_{21}
		投资收益率 C_{22}
		市场占有率 C_{23}
		利润增长率 C_{24}
	创新 B_3	创新资源投入 C_{31}
		技术研发投入 C_{32}
		科技成果水平 C_{33}
		科技人才比例 C_{34}
		创新管理水平 C_{35}

①管理指标

(a)进度管理:进度管理是企业内部各部门协调运作,按照合同规定的日期按时完成施工计划任务。用按时完工率来衡量。

按时完工率=一定时期内按时完工任务数/总施工任务数。　(7-1)

(b)质量管理:质量管理是企业内部各部门协调运作,按照合同规定的质量完成施工任务。用工程合格率来衡量。

工程合格率=一定时期内合格工程数/总工程数。　(7-2)

(c)成本管理:成本管理是在企业内部各部门协调运作下,施工严格按预计成本或者低于计划成本进行。用成本降低率来衡量。

成本降低率=节约成本/计划总成本。　(7-3)

(d)安全管理:安全管理是企业各部门积极配合,预防事故发生,保证施工顺利安全进行。用事故发生率来衡量。

事故发生率=发生事故数/一定时间(一般为月或年)。　(7-4)

(e)合同管理:合同管理是从合同起草开始到合同履行、执行结果分析总结结束的整个过程进行管理,如表 7-2 所示。

表 7-2　合同管理测定表

定性描述	得分(%)
各部门在合同管理中各自运作、缺乏沟通，效率低下	20～50
各个部门在合同管理过程中由于沟通不及时、配合不密切等原因导致合同管理效率较低	60～90
各个部门可以顺利地对合同签订、执行以及合同纠纷等进行高效管理，无任何纰漏	100

(f)风险管理：风险管理是对工程施工过程中的风险进行识别、评价和处理，妥善地避免风险、减少风险造成的损失。用风险损失额来衡量。风险损失额为由于各种不确定性引起的损失。

(g)信息管理：信息管理是通过运用先进的信息管理技术，对企业整个业务流程中所涉及的投资、质量、进度、合同、行政事务等信息进行收集、加工、传递和应用的过程。表 7-3 为信息管理测定表。

表 7-3　信息管理测定表

定性描述	得分(%)
企业信息沟通不便，信息收集困难，信息管理效率较低	20～50
企业各部门各业务环节信息收集、加工、处理不及时，效率较低	60～90
企业信息收集方便、传递及时，各部门信息沟通频率高，沟通无障碍	100

②经营指标

企业经营的评价指标有资产负债率、投资收益率、市场占有率、利润增长率，其测定如表 7-4 所示。

表 7-4　定量指标测定表

评价指标	指标量化公式
资产负债率	(负债/总资产)×100%
投资收益率	(收益/总投资)×100%
市场占有率	(企业总收入/行业总收入)×100%
利润增长率	[(本期利润－上期利润)/上期利润]×100%

③创新指标

(a)技术研发投入：企业用于技术研究开发的投入，包括设备购买、技术引进、科研人员培训等。用技术研发投入率来衡量。

技术研发投入率=本期创新资源投入额/本期总收入额。　　(7-5)

(b)科技成果水平:一定时期内企业的科技成果获奖数量、科技成果发表文献数量情况。

(c)科技人才比例:企业科技人员数量占总人员数的比例。

(d)创新管理水平:指企业对创新管理的重视程度以及创新管理的资源投入、技术管理能力。创新管理水平测定表如表 7-5 所示。

表 7-5　创新管理水平测定表

定性描述	得分(%)
企业领导和各部门员工对创新管理重视程度不够,创新管理水平低	20～50
企业比较重视创新管理,但是创新管理水平较低,没有完善的创新的管理体系	60～90
企业拥有完善的创新管理体系,从上到下各层次、各部门充分了解创新管理的重要性,重视创新管理	100

(2)横向价值链协同绩效指标设计

横向价值链协同绩效评价指标体系如表 7-6 所示。

表 7-6　横向价值链系统绩效评价指标体系

总目标	一级指标	二级指标
横向价值链协同绩效评价 $\boldsymbol{A}$	合作 $\boldsymbol{B}_1$	合作频率 C_{11}
		信息获取率 C_{12}
		合作收益率 C_{13}
	成本 $\boldsymbol{B}_2$	材料成本 C_{21}
		服务成本 C_{22}
		市场开发成本 C_{23}
	竞争力 $\boldsymbol{B}_3$	合作能力 C_{31}
		资源共享水平 C_{32}
		社会影响力 C_{33}

合作是指企业与同行业企业之间的交流、沟通以及业务往来。合作指标可以衡量企业横向价值链协同的频率以及收益。成本指标测量企业价值链协同后成本节约水平。竞争力指标是指企业价值链协同的过程中的表现以及协同绩效。各指标评价值测定如表 7-7～表 7-10 所示。

表 7-7　定量指标测定表

评价指标	指标量化公式
合作频率	一定时间段内合作次数/时间段的长度
信息传递率	(通过横向传递的信息/传递信息的总次数)×100%
合作收益率	(合作后增加收益/合作前收益)×100%
材料成本节约率	(合作后材料降低成本/合作前材料成本)×100%
服务成本节约率	(合作后服务降低成本/合作前服务成本)×100%
市场开发成本节约率	(合作后市场开发降低成本/合作前市场开发成本)×100%

表 7-8　合作能力测定表

定性描述	得分(%)
企业与同行业企业在技术开发、市场开拓、资源管理等方面存在较少的合作	20～50
企业与同行业企业在技术开发、市场开拓、资源管理等方面的合作能力较差	60～90
企业与同行业企业在技术开发、市场开拓、资源管理等方面具备良好的合作能力	100

表 7-9　资源共享水平测定表

定性描述	得分(%)
企业与同行业企业在资金、信息、技术、设备、人员等资源方面合作交流困难，共享水平低	20～50
企业与同行业企业在资金、信息、技术、设备、人员等资源方面交流较差，共享水平较低	60～90
企业与同行业企业在资金、信息、技术、设备、人员等资源方面交流频繁，拥有良好的共享水平	100

表 7-10　社会影响力测定表

定性描述	得分(%)
企业刚刚成立，资质等级低，与同行业协同度低，在同行业中品牌影响力差	20～50
企业在同行业中占据一定市场份额，资质等级较高，具有一定的品牌影响力	60～90
企业在同行业中具有良好的声誉、较高的资质等级和品牌影响力，与同行业企业协同度高	100

(3)纵向价值链协同绩效指标设计

纵向价值链协同绩效评价指标体系如表 7-11 所示。

表 7-11 纵向价值链协同绩效评价指标体系

总目标	一级指标	二级指标
纵向价值链协同绩效评价 **A**	资金流 $\boldsymbol{B}_1$	现金周转率 C_{11}
		贷款平均按时结算率 C_{12}
		成本节约率 C_{13}
	信息流 $\boldsymbol{B}_2$	信息交流频率 C_{21}
		传递信息的准确度 C_{22}
		数据共享的频数 C_{23}
		传递信息的及时率 C_{24}
		单位信息交流成本 C_{25}
	业务流 $\boldsymbol{B}_3$	物资采购周期 C_{31}
		库存周转率 C_{32}
		物资供应柔性 C_{33}
		物资平均准时交货率 C_{34}
		项目施工柔性 C_{35}
		项目综合质量合格率 C_{36}
		反馈问题解决率 C_{37}
	客户服务 $\boldsymbol{B}_4$	客户满意度 C_{41}
		客户保有率 C_{42}
		订单完成率 C_{43}
		订单响应速度 C_{44}
	系统适应性 $\boldsymbol{B}_5$	目标一致性 C_{51}
		协调合作能力 C_{52}
		信任度 C_{53}

①资金流。资金是企业纵向价值链协同的保障。本研究主要通过现金周转率、贷款平均及时结算率和成本节约率这三个指标来评价纵向价值链中资金流通状况。其中，

$$\text{现金周转 } C_1 = (\text{总收入}/\text{总资产}) \times 100\%, \tag{7-6}$$

$$\text{贷款平均及时结算率 } C_2 = \frac{1}{n}\sum_{i=1}^{n}\frac{a_i}{A_i} \times 100\%, \tag{7-7}$$

式中，n 为纵向价值链中协同成员数量，a_i 为第 i 个企业按时结账次数，A_i 为第 i 个企业总共结账次数。

$$\text{成本节约率 } C_3 = (\text{实际成本}/\text{预算总成本}) \times 100\%。 \tag{7-8}$$

②信息流。信息流的统计在企业的纵向价值链中是通过 ERP 平台传递。信息流贯穿于整体价值链的始终，本研究主要通过信息交流频率、信息传递准确率、共享数据频率、信息传递的及时率和单位信息交流成本来评价。信息流各指标的量化分析如表 7-12 所示。

表 7-12　信息流各指标的量化公式

信息流各评价指标	指标量化公式
信息交流频率	一定时间段内信息交流的次数/时间段的长度
传递信息的准确率	(传递信息的准确次数/传递信息的总次数)×100%
共享数据的频率	(共享数据量/数据总量)×100%
信息传递的及时率	(及时传递的次数/传递的总次数)×100%
单位信息交流成本	信息交流的总成本/交流的总次数

③业务流。是企业纵向价值链协同管理中最重要的部分，业务流指标主要是参考 SCOR 供应链运作模型的业务流程来选择的。本研究通过物资采购周期、库存周转率、物资供应柔性、物资平均准时交货率、项目施工柔性、项目综合质量合格率、反馈问题解决率等指标来反映纵向价值链的协同能力。业务流部分指标的量化分析如表 7-13 所示。

表 7-13　业务流部分指标的量化公式

业务流各评价指标	指标量化公式
物资采购周期	某物资在某期的采购周期/物资采购种类
库存周转率	(销售额/库存值)×100%
物资供应柔性	(一批最大供货量－一批最小供货量)/平均供货量
物资平均准时交货率	(准时的交货次数/总的交货次数)×100%
项目施工柔性	(最迟交工时间－最早交工时间)/当前可用交工时间
项目综合质量合格率	(返工数/总项目数)×100%
反馈问题解决率	(总生产数量/总销售数量)×100%

④业主服务

业主服务指标有业主满意度、业主保有率、订单完成率，其量化公式如表 7-14 所示。

表 7-14 业主服务指标的量化公式

业主服务指标	指标量化公式
业主满意度	(a×投诉业主数/总业主数+b×返工项目数/总项目数)×100%，$a+b=1$
业主保有率	(老业主数量/业主总数量)×100%
订单完成率	(实际送达产品数量/销售商采购产品数量)×100%

⑤系统适应性。价值链协同离不开整体系统的适应性。本研究主要通过目标一致性、协调合作能力、信任度三个指标来反映其协同能力。通过模糊理论对其进行相应的打分。

7.3 价值链协同绩效评价

7.3.1 价值链协同绩效评价方法分析

绩效评价是用科学的方法对某一事物在一段时期内的运行情况进行分析和研究，探索其在运行中存在的问题，为进一步地制定优化措施提供科学依据。目前绩效评价的方法有很多，如因素分析法、模糊综合评价法、DEA方法、层次分析法、灰色系统法、BP神经网络算法等。绩效评价方法及各自的优缺点如表7-15所示。

表 7-15 评价方法比较

方法名称	方法描述	方法优点	方法缺点	适用性
因素分析法	采取“由表及里”的因素分析方式，即从最表面、最容易感知的属性入手，逐步深入更为内在的属性和因素	主观性强，逻辑性强	因素关系模糊，体系复杂，指标众多	定性研究，案例分析
模糊综合评价法	其基本原理是引入隶属函数，实现把人类的直觉确定为具体系数(模糊综合评价矩阵)，并将约束条件量化表示，进行数学求解	可克服传统数学方法中“唯一解”的弊端，根据不同可能性得出多个层次的问题题解，具备可扩展性，符合现代管理中“柔性管理”的思想	不能解决评价指标间相关造成的信息重复问题，另外，隶属函数、模糊相关矩阵等的确定方法有待进一步的研究和探讨	消费者偏好识别、决策中的专项系统、证券投资分析，银行项目贷款对象识别等

续表

DEA方法	以相对效率为基础，按多指标投入和多指标产出，对同类型单位相对有效性进行评价，是基于一组标准来确定相对有效生产前沿面	可以评价多输入多输出的大系统，并可用“窗口”技术找出单元薄弱环节加以改进	只表明评价单元的相对发展指标，无法表示出实际发展水平	用于较多企业竞争力评价、企业效率评价
层次分析法	针对多层次结构的系统，用相对量的比较，确定多个判断矩阵，取其特征根所对应的特征向量作为权重，最后综合出总权重，并且排序	可靠度比较高，误差小	评价对象的因素不能太多	成本效益决策、资源分配次序、冲突分析等
灰色系统法	企业竞争力评价系统具有信息不完全或者灰色的特征，被评事物的各项指标值构成的序列，如用 X 个指标对 n 个样本进行评价，无量纲化后形成矩阵，构造出最优样本，计算各样本与最优样本的关联度，关联度越大则越好	可处理灰色信息，计算量小，数据要求低	不足在于精度不高	应用领域广泛
BP神经网络算法	通过学习或训练获取知识并存储在神经元的权值中，通过联想把相关信息复现出来，可以提炼评价对象本身的客观规律，进行同属性评价	优点在于网络具有自适应能力、可容错性，能够处理非线性、非局域性与非凸性的大型复杂系统	不足点在于精度不高，同时需要大量的训练样本等	企业竞争力评价、复杂系统评价等

建筑施工企业价值链协同绩效评价是指对某一段时期内价值链协同的运行情况进行评价，以发现存在的问题并进行优化。对于建筑施工企业价值链协同绩效的评价，从评价指标体系中可以看出，由于人们对某些评价指标的了解程度不深或受到伪信息因素的干扰，同时由于价值链的复杂性和动态性，在评价指标的获取中存在很多不完善的信息，因此在评价过程中会存在模糊信息，基于上述评价指标的特点，本研究采用层次分析法与模糊数学相结合的模糊层次综合评价法对建筑施工企业价值链协同绩效进行综合评价。

7.3.2 模糊层次评价理论分析

(1)模糊数学理论

1965 年美国加州大学自动控制专家查德(L. A. Zadeh)发表了 *Fuzzy Set* 一书，这标志着模糊数学的诞生。他用隶属程度来描述差异的中介过渡，即用精确的数学语言对模糊性进行一种描述。数学家的介入促使了模糊数学的发展，而模糊数学的发展又对自然科学和社会科学的研究起了很大的推动作用，为认识模糊事物、解决模糊问题提供了有利的工具。

综合评价是对多属性事物在各种因素影响或作用下的整体优劣程度作出合理的、综合这些属性或因素的总体评判。模糊综合评价方法是在模糊的环境中，对影响某个事物的各种因素对目标的影响作出综合的评价，基本的评价步骤是：首先，建立评价对象的影响因素集；其次，建立基于目标的评判级别和各因素相对于目标的权重集；再次，确定每个因素的隶属度；最后，建立模糊评价矩阵，并运用模糊数序进行综合评价。

模糊评价法有其特有的优点：一是可将评价信息的主观因素对评价结果的影响控制在较小的限度内，从而使评价比较全面和客观；二是适合于多主体对多层次、多类指标评价信息的整合。

(2)层次分析法理论

层次分析法(AHP)是一种定性与定量相结合的多准则、多层次决策的综合评价方法。层次分析法是将决策问题所涉及的各种因素按目标、准则、方案等分成多层次，是将人的思维层次化、数量化，运用一定的数学方法将决策问题进行定量化分析从而为决策提供依据。因此运用层次分析法首先要将问题层次化，根据主观判断得出下一层次相对于上一层次因素的比较判断矩阵，然后经过数学运算得出底层对于高层的相对重要权重，最后计算因素对于总体目标的组合权重。层次分析法确定指标权重的步骤如下：

第一步，根据 T. L. Satty 标度理论构造两两判断矩阵。矩阵元素为 a_{ij} $(i,j=1,2,\cdots,n,n$ 为评价指标数)，$a_{ii}=1,a_{ij}=1/a_{ji}$。

表 7-16 打分标度

标度	定义	说明
1	同等重要	两个要素具有同等重要性
3	稍微重要	一个要素比另一个要素稍微重要一些
5	明显重要	一个要素明显比另一个要素重要
7	强烈重要	一个要素比另一个要素重要得多
9	极端重要	一个要素绝对比另一个要素重要
2,4,6,8	两个相邻判断之间的折中	上述两个相邻标准之间折中时的定量标度
上列各数的倒数		倒数表示两个要素相比较时的不重要程度

第二步，计算每行元素的乘积 M_k：

$$M_k=\prod_{j=1}^{n}a_{kj},k=1,2,\cdots,n。\tag{7-9}$$

第三步，计算 M_k 的 n 次方根 $\overline{M_k}$：

$$\overline{M_k}=\sqrt[n]{M_k},k=1,2,\cdots,n。\tag{7-10}$$

第四步，对 $\overline{M_k}$ 进行归一化处理得特征向量 W：

$$\omega_k=\frac{\overline{M_k}}{\sum_{j=1}^{n}M_k},W=(\omega_1,\omega_k,\cdots,\omega_k)^{T},k=1,2,\cdots,n。\tag{7-11}$$

第五步，根据 $AW=\lambda W$ 计算最大特征根 λ_{max}：

$$\lambda_{max}=\frac{1}{n}\sum_{k=1}^{n}\frac{(AW)_k}{\omega_k}。\tag{7-12}$$

第六步，计算一致性指标 $C.I.$ 及随机一致性比值 $C.R.$，进行一致性检验：

$$C.I.=\frac{\lambda_{max}-n}{n-1},\quad C.R.=\frac{C.I.}{R.I.},\tag{7-13}$$

其中，平均随机一致性指标 $R.I.$ 依照表 7-17 取值。

表 7-17　R. I. 取值表

矩阵阶数 n	1	2	3	4	5	6	7	8	9
$R.I.$	0	0	0.58	0.92	1.12	1.24	1.32	1.41	1.45

当 $C.R.<0.1$ 时，判断矩阵符合满意一致性，说明权数分配合理，否则要调整判断矩阵。

7.3.3　模糊层次评价步骤

模糊层次评价法就是模糊数学和层次分析法的集成，具体评价步骤如下：

(1)建立评价指标体系，设立合理的指标评价因素集即要素集。

(2)运用层次分析法确定各个指标权重。

(3)建立评语集 V_j。对评价目标优劣程度进行评判，一般习惯使用 $V_j=$ {优，良，中，较差，差}。

(4)建立模糊评价矩阵：

$$\boldsymbol{R}=\begin{bmatrix} R_{11} & R_{12} & \cdots & R_{1n} \\ R_{21} & R_{22} & \cdots & R_{2n} \\ \vdots & \vdots & \vdots & \vdots \\ R_{m1} & R_{m2} & \cdots & R_{mn} \end{bmatrix},$$

矩阵中 $R_{ij}(i=1,2,\cdots m;j=1,2,\cdots,n)$表示对第 i 个评价指标对第 j 级评语的隶属度,即隶属度向量。采用模糊统计方法确定其隶属关系,模糊统计是所有参与评价的专家,按划定的等级{优,良,中,差,劣}给各评价指标确定等级,计算其隶属度。

$R_{ij}=m_{ij}/n$,其中,m_{ij} 为评价因素等级 V_j 的频数。

(5)综合评价计算。运用模糊数学的合成运算得综合评价值 $\boldsymbol{A}$ 为:$\boldsymbol{A}=\boldsymbol{W}'\cdot\boldsymbol{R}=(A_1,A_2,\cdots,A_n)$,若 $\sum A_i\neq 1$,则为

$$\boldsymbol{A}'=(A_1',A_2',\cdots,A_n'),A'=A_j/\sum A_j,(j=1,2,\cdots,n)。$$

(6)确定分数集。设 $\boldsymbol{K}=(K_1,K_2,\cdots,K_n)^{\mathrm{T}}$,$n$ 等于评语集的级数,K_i 表示第 i 级评语的分数,以 100 分为满分,则 $K_i=i\times 100/n(i=1,2,\cdots,n)$。

(7)结果计算与评价。$\boldsymbol{B}=\boldsymbol{A}\times\boldsymbol{K}$ 或 $\boldsymbol{B}=\boldsymbol{A}'\times\boldsymbol{K}$ 即为评价对象的得分,根据 $\boldsymbol{B}$ 值的大小,对评价目标进行评价。价值链协同绩效分为五个等级如表 7-18 所示。

表 7-18 绩效等级划分

B 值	[0,60)	[60,70)	[70,80)	[80,90)	[90,100]
评语集	差	较差	中	良	优

7.4 SH 建筑集团价值链协同绩效评价案例分析

SH 建筑集团是一个大型建筑施工企业,A 企业是它的纵向价值链上的企业,它们彼此协同运作,现运用上述的模糊层次综合评价法对其协同绩效进行综合评价。

(1)建立纵向价值链协同绩效评价指标体系。

(2)运用层次分析法确定权重。

根据 T. L. Satty 标度理论构造 B 层指标判断矩阵如表 7-19 所示。

表 7-19　B 层指标判断矩阵

A	B_1	B_2	B_3	B_4	B_5
B_1	1	1/3	1/5	3	5
B_2	3	1	1/3	5	7
B_3	5	3	1	7	9
B_4	1/3	1/5	1/7	1	3
B_5	1/5	1/7	1/9	1/3	1

运用层次分析法计算得 $\lambda_{max}=5.2375$,$C.I.=0.0594$,$C.R.=0.0530<0.10$,通过一致性检验,说明权重确定合理。

$$\boldsymbol{W}_A=[W_{B_1},W_{B_2},W_{B_3},W_{B_4},W_{B_5}]^{\mathrm{T}}$$
$$=(0.1289,0.2615,0.5128,0.0634,0.0334)^T。$$

C_1层指标判断矩阵如表 7-20 所示。

表 7-20　C_1层指标判断矩阵

$\boldsymbol{B}_1$	C_{11}	C_{12}	C_{13}
C_{11}	1	3	5
C_{12}	1/3	1	3
C_{13}	1/5	1/3	1

$\lambda_{max}=3.0385$,$C.I.=0.0193$,$C.R.=0.0332<0.10$,通过一致性检验。

$\boldsymbol{W}_{B_1}=[W_{C_{11}},W_{C_{22}},W_{C_{23}}]^{\mathrm{T}}=(0.6370,0.2583,0.1047)^{\mathrm{T}}$。

C_2层指标判断矩阵如表 7-21 所示。

表 7-21　C_2层指标判断矩阵

$\boldsymbol{B}_2$	C_{21}	C_{22}	C_{23}	C_{24}	C_{25}
C_{21}	1	1/4	3	1/3	5
C_{22}	4	1	6	3	8
C_{23}	1/3	1/6	1	1/5	3
C_{24}	3	1/3	5	1	7
C_{25}	1/5	1/8	1/3	1/3	1

$\lambda_{max}=5.4145$，$C.I.=0.1036$，$C.R.=0.0925<0.10$。

$W_{B_2}=[W_{C_{21}},W_{C_{22}},W_{C_{23}},W_{C_{24}},W_{C_{25}}]^T$

$=(0.1309,0.5015,0.0649,0.2606,0.0421)^T$。

C_3层指标判断矩阵如表 7-22 所示。

表 7-22　C_3层指标判断矩阵

B_3	C_{31}	C_{32}	C_{33}	C_{34}	C_{35}	C_{36}	C_{37}
C_{31}	1	1/3	1/5	1/5	1/7	1/7	1/9
C_{32}	3	1	1/3	1/7	1/5	1/9	1/5
C_{33}	5	3	1	1/5	1/3	1/9	1/5
C_{34}	5	7	5	1	5	1/3	3
C_{35}	7	5	3	1/5	1	1/5	1/3
C_{36}	7	9	9	3	5	1	1/5
C_{37}	9	5	5	1/3	3	5	1

$\lambda_{max}=8.5910$，$C.I.=0.0844$，$C.R.=0.0640<0.10$。

$W_{B_3}=[W_{C_{31}},W_{C_{32}},W_{C_{33}},W_{C_{34}},W_{C_{35}},W_{C_{36}},W_{C_{37}}]^T$

$=(0.0194,0.0277,0.0450,0.2445,0.0798,0.2608,0.3228)^T$。

C_4层指标判断矩阵如表 7-23 所示。

表 7-23　C_4层指标判断矩阵

B_4	C_{41}	C_{42}	C_{43}	C_{44}
C_{41}	1	1/5	1/3	3
C_{42}	5	1	3	7
C_{43}	3	1/3	1	5
C_{44}	1/3	1/7	1/5	1

$\lambda_{max}=4.1170$，$C.I.=0.0390$，$C.R.=0.0424<0.10$。

$W_{B_4}=[W_{C_{41}},W_{C_{42}},W_{C_{43}},W_{C_{44}}]^T$

$=(0.1175,0.5650,0.2622,0.0553)^T$。

C_5层指标判断矩阵如表 7-24 所示。

表 7-24　C_5层指标判断矩阵

B_5	C_{51}	C_{52}	C_{53}
C_{51}	1	1/5	1/3
C_{52}	5	1	3
C_{53}	3	1/3	1

$\lambda_{max}=3.0385, C.I.=0.0193, C.R.=0.0332<0.10$。

$\boldsymbol{W}_{B_5}=[W_{C_{51}}, W_{C_{52}}, W_{C_{53}},]^{T}=(0.1047, 0.6370, 0.2583)^{T}$。

综上所述，建筑施工企业纵向价值链协同绩效评价指标权重集如下：

$$\boldsymbol{A}\begin{cases}\boldsymbol{B}_1(0.1289)\begin{cases}C_{11}(0.6370)\\C_{12}(0.2583)\\C_{13}(0.1047)\end{cases}\\ \boldsymbol{B}_2(0.2615)\begin{cases}C_{21}(0.1309)\\C_{22}(0.5015)\\C_{23}(0.0649)\\C_{24}(0.2606)\\C_{25}(0.0421)\end{cases}\\ \boldsymbol{B}_3(0.5128)\begin{cases}C_{31}(0.0194)\\C_{32}(0.0277)\\C_{33}(0.0450)\\C_{34}(0.2445)\\C_{35}(0.0798)\\C_{36}(0.2608)\\C_{37}(0.3228)\end{cases}\\ \boldsymbol{B}_4(0.0634)\begin{cases}C_{41}(0.1175)\\C_{42}(0.5650)\\C_{43}(0.2622)\\C_{44}(0.0553)\end{cases}\\ \boldsymbol{B}_5(0.0334)\begin{cases}C_{51}(0.1047)\\C_{52}(0.6370)\\C_{53}(0.2583)\end{cases}\end{cases}$$

(3)确定评语集。本研究评语集为{优（>90%）、良（80%－90%）、中（70%－80%）、较差（60%－70%）、差（<60%）}。

(4)建立模糊评价矩阵。邀请5位专家对各指标的评价等级进行打分，得出模糊评价矩阵。隶属度如表7-25所示。

表 7-25 隶属度表

一级指标	二级指标		隶属度				
			优	良	中	较差	差
资金流 B_1	C_{11}	现金周转率 C_1	0	0	2	3	0
	C_{12}	贷款平均按时结算率 C_2	0	3	2	0	0
	C_{13}	成本节约率 C_3	0	2	2	1	0
信息流 B_2	C_{21}	信息交流频率 C_4	0	2	3	0	0
	C_{22}	传递信息的准确率 C_5	0	1	3	1	0
	C_{23}	共享数据的频数 C_6	0	2	3	0	0
	C_{24}	信息传递的及时率 C_7	0	0	0	2	3
	C_{25}	单位信息交流成本 C_8	0	3	2	0	0
业务流 B_3	C_{31}	物资采购周期 C_9	0	0	0	4	1
	C_{32}	库存周转率 C_{10}	0	0	0	2	3
	C_{33}	物资供应柔性 C_{11}	0	2	3	0	0
	C_{34}	物资平均准时交货率 C_{12}	0	2	2	1	0
	C_{35}	项目施工柔性 C_{13}	0	3	2	0	0
	C_{36}	项目综合质量合格率 C_{14}	0	3	2	0	0
	C_{37}	反馈问题解决率 C_{15}	1	4	0	0	0
客户服务 B_4	C_{41}	业主满意度 C_{16}	1	1	2	1	0
	C_{42}	业主保有率 C_{17}	1	2	2	0	0
	C_{43}	订单完成率 C_{18}	0	3	2	0	0
	C_{44}	订单响应速度 C_{19}	0	0	3	2	0
系统适应性 B_5	C_{51}	目标一致性 C_{20}	0	1	1	2	1
	C_{52}	协调合作能力 C_{21}	1	0	4	0	0
	C_{53}	信任度 C_{22}	0	4	1	0	0

根据表 7-25 的隶属度得出纵向价值链协同绩效模糊计算表如表 7-26 所示。

表 7-26　模糊计算表

评价方面			评价因素			评价等级				
序号 i	U_i	权重 W_i	序号 j	U_{ij}	权重 W_{ij}	V_1	V_2	V_3	V_4	V_5
						模糊矩阵				
						优	良	中	较差	差
1	$\boldsymbol{B}_1$	0.1289	1	C_{11}	0.6370	0	0	0.4	0.6	0
			2	C_{12}	0.2583	0	0.6	0.4	0	0
			3	C_{13}	0.1047	0	0.4	0.4	0.2	0
2	$\boldsymbol{B}_2$	0.2615	1	C_{21}	0.1309	0	0.4	0.6	0	0
			2	C_{22}	0.5015	0	0.2	0.6	0.2	0
			3	C_{23}	0.0649	0	0.4	0.6	0	0
			4	C_{24}	0.2606	0	0	0	0.4	0.6
			5	C_{25}	0.0421	0	0.6	0.4	0	0
3	$\boldsymbol{B}_3$	0.5128	1	C_{31}	0.0194	0	0	0	0.8	0.2
			2	C_{32}	0.0277	0	0	0	0.4	0.6
			3	C_{33}	0.0450	0	0.4	0.6	0	0
			4	C_{34}	0.2445	0	0.4	0.4	0.2	0
			5	C_{35}	0.0798	0	0.6	0.4	0	0
			6	C_{36}	0.2608	0	0.6	0.4	0	0
			7	C_{37}	0.3228	0.2	0.8	0	0	0
4	$\boldsymbol{B}_4$	0.0634	1	C_{41}	0.1175	0.2	0.2	0.4	0.2	0
			2	C_{42}	0.5650	0.2	0.4	0.4	0	0
			3	C_{43}	0.2622	0	0.6	0.4	0	0
			4	C_{44}	0.0553	0	0	0.6	0.4	0
5	$\boldsymbol{B}_5$	0.0334	1	C_{51}	0.1047	0	0.2	0.2	0.4	0.2
			2	C_{52}	0.6370	0.2	0	0.8	0	0
			3	C_{53}	0.2583	0	0.8	0.2	0	0

(5)综合评价计算。根据 $\boldsymbol{A}=\boldsymbol{W}'\cdot\boldsymbol{R}$ 并归一化,得

$\boldsymbol{A}'_{B_1}=W'_{B_1}\cdot R_{B_1}=(0,0.1969,0.4000,0.4031,0)$,

$\boldsymbol{A}'_{B_2}=(0,0.2039,0.4352,0.2045,0.1564)$,

$\boldsymbol{A}'_{B_3}=(0.0646,0.5784,0.2610,0.0755,0.0205)$,

$\boldsymbol{A}'_{B_4}=(0.1365,0.4068,0.4111,0.0456,0)$,

$\boldsymbol{A}'_{B_5}=(0.1274,0.2276,0.5822,0.0419,0.0209)$,

所以,B 层隶属度向量为

$$\boldsymbol{R}_B=\begin{bmatrix}\boldsymbol{A}'_{B_1}\\ \boldsymbol{A}'_{B_2}\\ \boldsymbol{A}'_{B_3}\\ \boldsymbol{A}'_{B_4}\\ \boldsymbol{A}'_{B_5}\end{bmatrix}=\begin{bmatrix}0 & 0.1969 & 0.4000 & 0.4031 & 0\\ 0 & 0.2039 & 0.4352 & 0.2045 & 0.1564\\ 0.0646 & 0.5784 & 0.2610 & 0.0755 & 0.0205\\ 0.1365 & 0.4068 & 0.4111 & 0.0456 & 0\\ 0.1274 & 0.2276 & 0.5822 & 0.0419 & 0.0209\end{bmatrix}。$$

综合评价模型

$$\boldsymbol{A}=\boldsymbol{W}'_B\times\boldsymbol{R}_B=(0.0460,0.4087,0.3447,0.1484,0.0521),$$

归一化后得

$$\boldsymbol{A}'=(0.0460,0.4087,0.3447,0.1484,0.0521)。$$

(6)确定分数集。$K_1=20,K_2=40,K_3=60,K_4=80,K_5=100$,所以 $\boldsymbol{K}=(20,40,60,80,100)^{\mathrm{T}}$。

(7)结果分析及改进建议。根据 $\boldsymbol{B}=\boldsymbol{A}'\times\boldsymbol{K}$,计算得此协同绩效评价值为

$$\boldsymbol{B}=(0.0460,0.4087,0.3447,0.1484,0.0521)\times(20,40,60,80,100)^{\mathrm{T}}=55.0320。$$

从以上得分可以看出,该企业的纵向价值链协同绩效水平为差,企业要根据实际情况分析其价值链协同存在的问题,并采取适当的措施对价值链活动进行优化改进。并且从中可以看出信息流的协同绩效水平最差,因此企业需要建立良好的信息交流平台、完善的信息基础设施以及良好的信息沟通制度以改进信息流的协同效率。

7.5 建筑施工企业价值链协同的支持体系

7.5.1 技术支持体系

(1)网络技术

价值链协同要运用先进的信息网络技术来实现信息的共享和业务流程

的高效协调运作。以网络技术和计算机软硬件设备为支撑,建立完善的信息基础设施,包括局域网、广域网、企业内部网、企业外部网和信息共享平台,实现数据的高效传输;使用数据交换技术、条形码、全球定位等实现信息的共享和管理。

(2)管理技术

价值链协同各企业要保持高度的战略协同,需要运用先进的、统一的高效协同管理技术,如电子商务技术、全过程质量管理技术等,只有管理技术协同才能实现企业间、链间业务的协同,从而更好地实现企业的协商和沟通,从而提高企业协同管理水平,降低成本,保持核心竞争优势。

(3)信息系统

各价值链企业要根据企业的内外部情况建立完善的网络和基于网络的信息支持系统,从而实现企业内外部信息的及时快捷传递和共享。

①外部信息交换。通过基于网络的 Web 服务器建立的电子商务平台,完成对不同分包企业、监理单位和设计企业等的项目信息共享和沟通控制,加强工程项目建设的协作。并且通过此平台即时采购原材料及设备,实现材料、设备的准时供货。

②内部信息交换。企业内部系统要将 ERP 系统、CRM 系统、作业计划系统等进行高度的集成,实现企业内整个业务流程数据信息的高效传递和共享。

7.5.2 组织支持体系

良好的组织结构为价值链高效协同提供一定的基础条件和重要支撑。各个企业在领导积极参与、各部门密切配合的组织中高效运作,实现价值链的协同。

(1)组织建立

价值链各协同企业要充分认识到协同的效益及其重要性,建立高效的基于价值链协同的企业组织以及专门的协同管理部门,不时与链上企业进行沟通,实时地对协同过程和协同绩效进行监督考核,从而及时发现价值链协同过程中存在的问题并积极寻求办法对其进行解决,保证价值链协同的顺畅运行。

(2)文化培育

价值链系统是一个复杂的系统,要避免系统内耗必须建立统一的价值链协同管理文化,在各企业间形成价值链协同管理意识,每一个组织成员、每一个员工都明确价值链协同管理的重要性以及价值链协同管理给企业带来的好处,从而为价值链高效协同提供良好的氛围和有利的条件,积极进行协同管理,快速响应协同运作中遇到的问题。

(3)人员配备

价值链协同管理是一项复杂的系统工程,专业性强,因此需要具有高素质的管理人员对其进行领导、控制,同时要企业高层领导的积极参与和领导,并且建立完善的人才录用和考核体系,并适时对员工进行先进技术和先进方法的培训,建立长效、规范、系统的价值链协同管理人力资源体系。

7.5.3　制度支持体系

(1)管理制度

各节点企业需要建立完善的管理制度,如价值链协同管理部门以及其他职能部门的具体职责划分,考核制度,评价制度,以及业务的标准化运作制度、信息沟通规则,协同的问题处理和反馈制度等。

(2)信任制度

价值链协同各企业需要建立良好的诚实守信、彼此信任、利益共享、风险共担的战略合作伙伴关系。并且建立相关的信任制度提高企业的欺骗成本、违约成本和合作收益从而提高企业间的信任合作度。合作的预期收益大于目前收益,欺骗和违约的成本大于其利益,这会导致企业放弃机会主义,形成相互信任、相互合作。

(3)激励制度

核心企业建立淘汰激励、合作激励等相关激励制度,促进价值链企业的协同运作。淘汰激励为对合作企业进行定期的考核和评价,对不合格企业进行及时淘汰,从而使每个节点企业都承担一定的责任和义务,形成竞争意识;合作激励为让节点企业共享价值链资源,从而增强整个价值链企业的责任感,有利于实现优势互补,提升每个企业的竞争力和促进企业的协同运作。

(4)利益分配制度

价值链协同企业会由于各自利益最大化及链上利益分配不均而导致采取偏离整体目标的行为活动,阻碍价值链的协同运作,因此要保证“1+1>2”的绩效,必须建立有效的绩效评价体系对价值链协同各节点企业贡献进行科学评价,从而建立公平的利益分配制度,使价值链联盟合作更加紧密,相互更加信任。

(5)奖惩制度

公平、公正、科学的奖惩制度可以约束节点企业的行为,激励它们为优质供应链协同努力,尽可能避免失德行为和以自身利益为最大化的行为发生,大大降低供应链协同风险。如对长期按质按量送货的供应商给予一定的奖励,对造成供应链损失、不按合同办事的合作企业给予处罚。

本章小结

本章运用模糊层次分析法对价值链协同绩效进行评价,首先建立了建筑施工企业价值链协同绩效评价指标体系,其次详细介绍了模糊层次分析法评价协同绩效的程序和步骤,并就纵向价值链建立了纵向价值链协同绩效评价模型,最后对价值链协同的支持体系提出了相关的建议。

8 全书总结与研究展望

8.1 全书总结

价值链研究旨在消除非增值活动，强化战略性活动，从而大大降低成本、培育企业核心竞争优势，保持企业的价值最大化的持久竞争优势。而在经济全球化发展的今天，竞争日益激烈，竞争不仅存在于企业内部，而且存在于整个价值链，因此运用系统协同理论研究价值链协同势在必行。价值链协同可以有效地实现上下游、同行业以及企业内部业务的协调运作，充分利用价值链资源巩固和加强企业核心优势，将非核心业务转移，从而实现整个价值链资源的充分利用，在提升企业自身竞争力的同时提升整个价值链的竞争力。

建筑产品不同于普通的产品，需要消耗大量的人、财、物资源，建筑施工企业价值链也有其特有的特点，因此本书以建筑施工企业价值链协同为研究对象，研究了其内部价值链、横向价值链以及纵向价值链的协同问题，本书的具体内容主要如下：

(1)深入分析了建筑施工企业的生产经营特点，在此基础上研究了建筑施工企业的价值创造过程，从而对建筑施工企业的价值链系统进行了详细分析，对建筑施工企业价值链系统的构成要素、关系结构以及功能进行了系统的探讨和阐述。

(2)根据价值链理论，对价值链系统中的三种类型价值链协同进行了详细分析，即建筑施工企业内部价值链协同、横向价值链协同和纵向价值链协同。建筑施工企业内部价值链协同运用界面管理理论对其协同管理进行了分析；横向价值链协同主要分析协同中的竞争优势获取以及协同运行机制，并运用博弈论构建了协同企业协同竞争博弈模型;对纵向价值链协同进行分析,主要构建了协同模型以及协同运行机制。

(3)根据前文分析建立了建筑施工企业价值链协同绩效评价指标体系,运用模糊层次综合评价法对建筑施工企业纵向价值链协同绩效进行了综合评价。最后提出了建筑施工企业价值链协同运作的支撑体系。

8.2 主要创新点

综观全书,研究成果和创新点主要体现在以下几个方面:

(1)构建了建筑施工企业价值链系统。在深入分析建筑施工企业价值创造过程的基础上,提出了建筑施工企业价值链构成要素以及功能关系结构,构建了建筑施工企业价值链系统。

(2)建立了建筑施工企业价值链协同模型。通过对建筑施工企业价值链协同分析,对其协同的具体架构进行了构建。

(3)提出了建筑施工企业价值链协同机制。为了更好地实施价值链协同,对价值链协同机制进行了分析研究。

(4)构建了建筑施工企业价值链协同绩效评价模型,建立了建筑施工企业价值链协同绩效评价指标体系,提出了运用模糊层次综合评价法建立其综合评价模型的方法。

8.3 研究展望

本书在综合研究国内外相关领域研究现状和研究成果的基础上,研究了建筑施工企业价值链的协同问题,但由于笔者的水平有限以及实践经验和理论研究的欠缺,并且基于价值链系统的复杂性,本书研究具有一定的局限性。我国价值链协同研究尚处于起步阶段,本书对建筑施工企业价值链协同研究只是初步探索,因此需要进一步的深化研究和完善。

(1)本书只是初步对建筑施工企业内部价值链、横向价值链和纵向价值链协同进行了分析,尚没有详细地分析其价值链协同过程以及协同过程中遇到的问题及其解决方法,因此需进一步分析研究。

(2)本书建立的建筑施工企业价值链协同绩效评价指标体系只是在对建筑施工企业的主观理解基础上得出的,尚没有进行实地的调研考查,因此存在一定的局限性,需进一步完善。

(3)由于笔者对建筑行业知识的欠缺以及数据资料收集的困难,本书建立的基于模糊综合评价法的建筑施工企业价值链协同绩效评价模型只是简单的案例分析,没有深入研究其绩效好坏原因及其改进措施,需进一步对其进行研究验证模糊层次综合评价法的可行性以及改进绩效的措施。

总而言之,建筑施工企业的行业特点决定了其价值链协同研究的必要性,对其价值链协同进行研究分析,不仅可以实现企业内部价值效益,提升整个行业的价值创造水平,而且对社会资源的节约以及可持续发展战略的实施都能起到积极的作用,并提供一种可行的方法。因此,建筑施工企业价值链协同分析研究是一个既有挑战又具有重大意义的研究课题,为完善我国的建筑施工企业价值链协同理论体系以及为我国建筑施工企业更好地参与国际竞争提供理论基础和借鉴。希望本书的研究作为抛砖引玉,能为建筑施工企业价值链协同的进一步研究起到一定的推动作用。

参考文献

[1]波特. 竞争优势[M]. 陈小悦,译. 北京:华夏出版社, 2001.

[2]鲍德温,等. 价值链管理[M]. 北京新华信商业风险管理有限责任公司,译校. 北京:中国人民大学出版社, 2002.

[3]SHANK J V G. Strategic cost management: the value chain perspective [J]. Journal of management accounting research, 1992(4):45-46.

[4]斯莱沃斯基. 发现利润区[M]. 凌晓东,译. 北京:中信出版社, 2003.

[5]RICHARD N, RAFAEL R. From value chain to value constellation: designing interactive strategy[J]. harvard bubiness review, 1993(7/8): 65-71.

[6]JEFFREY F R, JOHN J S. Exploiting the virtual value chain[j]. harvard business review, 1995(9/10):75-99.

[7]JEREMY F S, VIJAY M S, N W Stephen. Optimizing the Value Chain [J]. INTERFACES 23, 1993(3/4):102-177.

[8]夏火松. 企业知识价值链与知识价值链管理[J]. 情报杂志,2003(7): 50-51.

[9]江积海. 企业知识传导的价值链研究[J]. 情报科学,2005(12):30-31.

[10]余伟萍,崔苗. 经济全球化下基于企业能力的价值链优化分析[J]. 中国工业经济, 2003(5):21-22.

[11]李扣庆. 企业优化价值链的战略性思考[J]. 管理世界, 2001(5):15-17.

[12]谭忠富,刘严,杨力俊,等. 以电价为纽带的中国电力产业价值链优化研究[J]. 中国软科学,2004(10):18-20.

[13]张红,徐学军. 广船公司价值链结构特征及其优化策略研究[J]. 工业工程

与管理,2004(5):51-52.

[14]乔忠,李应博.基于模糊规划法的企业价值链优化应用研究[J].中国管理科学, 2003(6):34-35.

[15]董焕忠,方淑芬.类生产函数企业价值链管理模型研究[J].中国管理科学,2005(6):25-27.

[16]迟晓英,宣国良.价值链研究发展综述[J].外国经济与管理, 2000,22(1):25-27 .

[17]洪江涛,陈俊芳.价值链及其优化理论研究评述[J].中国地质大学学报(社会科学版),2009,9(1):91-93.

[18]哈肯.协同学:理论与应用[M].上海:上海出版社,1987.

[19]安索夫.战略管理[M].邵冲,译.北京:机械工业出版社,2013.

[20]华志忠.价值链的系统构造与协同分析[J].经济纵横,2008(5):117-119

[21]金龙,陈梅,李石山.构建协同的供应链[J].科技与管理, 2005(1):45-47.

[22]励凌峰,黄培清.企业并购中的供应链协同与整合[J].商业研究, 2005(8):61-62.

[23]王硕.协同理论在虚拟企业协调发展中的应用[J].合肥工业大学学报(社会科学版),2005(2):29-32

[24]叶海虹.协同产品商务模式下的价值链分析与评价[D].杭州:浙江工业大学, 2004.

[25]曾文涛,协同理论与协同物流管理[J].物流平台,2004(5):86.

[26]邵桂兰,张华.浅析企业的战略协同与顾客让渡价值创造[J].经营管理,2005(2):47-49.

[27]坎贝尔,卢克斯.战略协同[M].任通海,龙大伟,译.北京:机械工业出版社,2000.

[28]赵灵章.浅谈价值链管理中的协同效应[J].经济与管理,2004(4):37-38.

[29]王俊霞.供应链协同管理研究综述[J].决策探索,2009(20):52-55.

[30]王其藩.系统动力学[M].北京:清华大学出版社,2009.

[31]崔冰, 侯学博.浅析横向价值链的协同性[J].全国商情:经济理论研究,2007(8):30-31 .

[32]孙敬平.基于价值链管理的企业核心能力研究[J].安徽广播电视大学学报，2006(1):48-49.
[33]蔡纯杰.界面管理研究评述[J].管理与财富，2005(3):44-45.
[34]姜保平，傅道春.工程建设项目的界面管理[J].苏州科技学院学报(工程技术版)，2005，18(1):47-51.
[35]程兰燕，丁烈云.大型建设工程项目合同界面管理[J].建筑经济，2004(1):59-61.
[36]HINES P. Value stream management [J]. International journal of logistics Management ,1998,9(1):25-42.
[37]PORTER M E. Competitive advantage:creating and sustaining superior performance[M]. NewYork:Free Press, 1985.
[38]NORMANN R,RAMIREZ R. From value chain to value constellation: Designing interactive strategy[J]. Harvard business review, 1993, 71(4):65-77.
[39]何建华.电子商务环境下企业价值链模型[J].安徽师范大学学报(人文社会科学版)，2007(4):27-29.
[40]洪江涛，陈俊芳.价值链及其优化理论研究评述[J].中国地质大学学报(社会科学版)，2009(5):51-53.
[41]张燕.价值网:一种新的战略思维组合[J].价值工程，2004(2):14-17.
[42]波维特.价值网:打破供应链，挖掘隐利润[M].仲伟俊，译.北京:人民邮电出版社，2001.
[43]JEFFREY F R, JOHN J S. Exploiting the value chain[J]. Harvard business review, 1995(9):43-45.
[44]李应博，乔忠.企业价值链优化的数量分析方法[J].中国农业大学学报，2003，8(4):77-80.
[45]王福胜，王欣，刘仕煌.价值链优化绩效综合评价方法研究[J].哈尔滨工业大学学报，2006，38(10):1797-1800，1805.
[46]张波，魏栋.基于供应链协同管理的大型生产企业信息化建设与研究[J].科技管理研究，2009，29(4):62-64.
[47]张翠华，任金玉.于海斌.供应链协同管理研究进展[J].系统工程，2005，

23(4):1-3.

[48]VAN-De-VEN A H, DELBECQ A L, KOEING R J. Determinants of Coordination models with in organizations[J]. American socio logical review,1976,41(2):322-338.

[49]SAHIN F, ROBINSON E P. Flow coordination and information sharing in supply chain: review, implication, and directions for future research [J]. Decision Sciences,2002,33(4):505-536.

[50]黄媛媛. 供应链协同管理的研究[D]. 武汉:武汉大学,2005.

[51]崔琳琳,柴跃廷,秦志宇. 供需链协同的定量评价[J]. 计算机集成制造系统,2007,13(5):990-994.

[52]张维迎. 博弈论与信息经济学[M]. 上海:上海人民出版社,2004.

[53]MAYNARD-SMITH J. The theory of games and the evolution of animal conflicts[J]. Journal of theoretical biology, 1974, 47(1):209-221.

[54]谢识予. 经济博弈论[M]. 上海:复旦大学出版社,2002.

[55]孟琦. 战略联盟竞争优势获取的协同机制研究[D]. 哈尔滨:哈尔滨工程大学, 2007 .

[56]戈文英. 基于价值链分析的莱钢集团公司竞争优势研究[D]. 南京:南京工业大学, 2005 .

[57]石敏. 基于价值转移的企业竞争优势构建研究[D]. 武汉:武汉理工大学, 2007 .

[58]廖承波. 基于价值链理论的房地产企业竞争优势研究[D]. 哈尔滨:哈尔滨工业大学, 2007 .

[59]夏清华. 从资源到能力:竞争优势战略的理论综述[J]. 管理世界, 2002 (4):56-58.

[60]坎贝尔,卢克斯. 战略协同[M]. 北京:机械工业出版社,2000.

[61]于海斌,朱云龙. 协同制造汇[M]. 北京:清华大学出版社,2004.

[62]高维义,彭华涛. 价值链管理与供应链管理的协同性分析[J]. 武汉理工大学学报,2004,26(5):150-153

[63]刘胜华. 电子商务环境下供应链协同管理研究[J]. 科技进步与对策,2005 (10):166-167

[64]张翠华，任金玉，于海斌. 供应链协同管理的研究进展[J]. 系统工程，2005(4)：1-6
[65]彭志忠. 基于协同理论的建筑企业供应链集成系统研究[J]. 生产力研究，2008(5)：131-133
[66]唐建生，陈国平. 供应链协同的内在动因和规模分析[J]. 西北农林科技大学学报，2005(5)：44-47.
[67]卢新元，张金隆，赵学峰. 基于协同商务的建筑企业信息化集成模型[J]. 科技管理研究，2005(6)：81-84.
[68]朱广君. 基于供应链协同理论的建筑施工企业信息系统应用研究[J]. 青岛理工大学学报，2006(5)：52-54.
[69]盛革. 一个与供应链协同的虚拟价值网集成增值矩阵[J]. 商业研究，2006(23)：12-14
[70]尹建，姜阵剑. 建筑施工业价值链与供应链协同模型应用研究[J]. 生产力研究. 2007(2)：110-111.
[71]ARC Advisory Group. Collaborative Manufacturing Management Strategies[J]. ARC Strategies，2002(7)：101-105
[72]庄品，王宁生. 供应链协调机制研究[J]. 工业技术经济，2004，23(3)：71-73.
[73]Mechanism Design Theory, Scientific background on the Sveriges Riksbank Prize in Economic Science in Memory of Alfred Nobel 2007.
[74]田国强. 经济机制理论：信息效率与激励机制设计[J]. 经济学，2003，2(2)：276-308.
[75]叶飞，符少玲，杨立洪. 收益共享的供应链协作契约机制研究[J]. 工业工程，2006，9(1)：12-15.
[76]钟玉萍. 建筑施工企业供应链管理研究[D]. 北京：对外经济贸易大学，2005.
[77]陈亮. 建筑施工企业价值链分析与探讨[D]. 杭州：浙江大学，2009.
[78]VRIJHOEF R，KOSKELA L. The four roles of supply chain management in Construction[J]. European journal of purchasing&supply chain，2000(6)：169-178.

[79]顾松林. 建筑施工企业物流及供应链管理的改革与提高方案浅析[J]. 管理现代化,2001(03):46-48.

[80]刘伊生. 建筑施工企业管理[M]. 北京:北方交通大学出版社,2002.

[81]宋艳华,金维兴,等. 基于供应链管理的建筑施工企业核心竞争力分析[J]. 建筑经济,2004(12):17-19.

[82]汪文忠. 打造工程总承包企业[J]. 建筑,2003(7):30-32.

[83]刘琳,刘长滨,郭磊. 中外建筑施工企业结构的比较与借鉴[J]. 建筑经济,2000(6):7-9.

[84]汪文忠. 建筑施工企业跨国经营[M]. 北京:方志出版社,2003.

[85]汪文忠. 建筑企业实行供应链管理势在必行[J]. 中国物流管理,2002(4):40-42

[86]马智亮,陈娟. 建筑施工信息化发展趋势与对策[J]. 施工技术,1998(4):4-5

[87]赵雪锋. 建筑业价值链理论与应用研究[D]. 武汉:华中科技大学, 2004.

[88]薛峰. 基于价值链分析理论的施工企业竞争战略研究[J]. 建筑经济,2006(12):55-57.

[89]朱斌. 中铁十二局集团发展战略研究[D]. 长沙:中南大学, 2007.

[90]李胜利,邢作国. 建筑企业的专业化发展战略[J]. 基建优化,2002(3):17-19.

[91]王辉,张海英. 基于价值链的竞争对手成本分析研究[J]. 价值工程,2014(34):18-20.

[92]郭成方. 论建筑施工企业的竞争和管理[D]. 武汉:武汉理工大学,2003.

[93]鹿丽宁,李长燕. 关于建筑业供应链管理问题的探讨[J]. 工业工程,2002(11):28-30.

[94]PRAHALAD C K,HAMEL G. The core competence of the corporation[J]. Havard Business Review,May. June,1990:25-28.

[95]郭天明. 基于价值链的企业价值创造研究[M]. 北京:经济科学出版社, 2008.

[96]高贺. 基于价值链理论的顾客价值创造策略研究[D]. 哈尔滨:哈尔滨工业大学, 2006.

[97]尹美群. 价值链与价值评估[M]. 北京：中国人民大学出版社，2008.
[98]吕刚. 强化核心能力实现公司价值增值[J]. 中国石化，2002(6)：20-22.
[99]王立红，周栩，孙崎峰. 基于供应链管理的建筑施工企业价值创造[J]. 价值工程，2009(4)：65-67.
[100]李政. 建筑市场过度竞争治理之道[J]. 建筑经济，2002(1)：38-40.
[101]MOORE J F. Predators and prey：a new ecology of competition[J]. Harvard business review，1993，5(6)：72-81.
[102]黄继刚. 核心竞争力的动态管理[M]. 北京：经济管理出版社，2004.
[103]陈辉华，刘少兵，王孟钧. 基于价值链理论的工程总承包企业竞争优势分析[J]. 建筑，2004(12)：32-34.
[104]费明胜，水家耀. 核心能力：现代企业持续竞争的奥秘[M]. 广州：华南理工大学出版社，2001.
[105]肖晓勇，肖兵. 企业核心竞争力识别方法[J]. 湖南文理学院学报(社会科学版)，2003，28(5)：59-60.
[106]饶昌平. 企业核心竞争力内涵及特征[J]. 经济世界，2003(6)：35-37.
[107]胡大立，企业竞争力论[M]. 北京：经济管理出版社，2001.
[108]张哲，张蕾. 企业核心竞争力理论及其启示[J]. 新疆农垦经济，2001(1)：56-57.
[109]李顺才，周智皎，邹珊刚. 企业核心能力：特征、构成及其发展策略[J]. 科技进步与对策，1999，216(5)：89-90.
[110]RAMAN P K，WILSON D T. The Future of competition-value-creating Networks[J]. Industrial marketing management. 2001(30)：78-80.
[111]袁庆宏. 通过与顾客共同学习创造企业价值. 价值工程[J]. 2002(4)：17-18.
[112]薛峰. 低价中标环境下的建筑施工企业成本领先战略研究[D]. 天津：天津大学，2006.
[113]王立红，周栩，孙崎峰. 基于供应链管理的建筑施工企业价值创造[J]. 价值工程，2009(4)：65-67.
[114]王子贤. 企业竞争优势的价值链系统分析框架研究[J]. 法治与经济，

2002(2):42-43.

[115]姜阵剑.基于价值网的建筑施工企业供应链协同研究[D].上海:同济大学,2007.

[116]张根凤.基于价值链理论的施工企业流程模式[J].建筑现代管理,2002(3):13-17.

[117]尚玮.建筑企业竞争环境分析[J].陕西建筑,2009(4):8-10

[118]郭伟,等.对我国国有建筑企业产出增长的分析[J].重庆建筑大学学报,2000(5):39-44.

[119]VRIJHOEF R,KOSKELA L. The Four Roles of Supply Chain Management in Construction[J]. European Journal of Purchasing&Supply Chain,2000(6):169-178

[120]杜志平,穆东.基于功能耦合的供应链系统研究[J].物流技术,2005(9):115-118.

[121]穆东.矿城耦合系统的演化与协同发展研究[M].长春:吉林人民出版社,2004.

[122]王建,张文杰.供应链系统可靠性分析[J].中国安全科学学报,2003,13(11):74-75.

[123]张莹.供应链协同效应:一个交易费用理论的视角[J].经济研究参考,2003(91):38-41.

[124]黎继子,刘春玲.集群式供应链的功能效应分析[J].商业经济与管理,2006(11):37-42.

[125]曹玉萍.建筑施工企业内部控制体系构建研究[D].合肥:安徽农业大学,2009.

[126]何秀杰.建设项目的界面管理[J].建设监理,1992(6):36-38.

[127]丁士昭.建设工程项目管理[M].北京:中国建筑工业出版社,2004.

[128]姜保平,陈仕中,傅道春.界面对建设工程造价的影响分析[J].建筑经济,2006(3):64-67.

[129]廖承波.基于价值链理论的房地产企业竞争优势研究[D].哈尔滨:哈尔滨工业大学,2007.

[130]庄品,王宁生.供应链协调机制研究[J].工业技术经济,2004,23(3):

71-73.
[131]叶飞,符少玲,杨立洪.收益共享的供应链协作契约机制研究[J].工业工程,2006,9(1):12-15.
[132]刘立华.基于横向价值链的企业价值创造机理研究[J].商业会计,2011(3):9-11.
[133]崔冰,侯学博.企业横向价值链的协同分析[J].山西财经大学学报,2007,29(1):70-71.
[134]李一军,高晶.面向价值网络的企业协同竞争博弈模型研究[J].管理学报,2010(2):55-57.
[135]何小松.基于机制设计理论的供应链协同机制研究[D].重庆:重庆大学,2009.
[136]刘勇.工程项目集成化管理机制研究[D].徐州:中国矿业大学,2009.
[137]程国平.供应链管理中的协同问题研究[D].天津:天津大学,2004.
[138]彭志忠.基于协同理论的建筑企业供应链集成系统研究[J].生产力研究,2008(5):131-133.
[139]EDUM-FOTWE F T, THORPE A, MCCAFFER R. Organisational relationships within the construction supply-chain. HINDLE PA RD, Proceedings of the CIB W55/W65 Joint Triennial Symposium, Cape Town,186-194
[140]孙江超 纵向价值链间的关系博弈及其营销含义[J].平原大学学报,2003,20(03):17-18.
[141]CACHON G, LARIVIERE M. Supply chain coordination with Revenue-sharing contracts: strengths and limitations [J]. Management science, 2005, 51(1):30-45.
[142]付蓬勃,吕永波,任远,等.供应链协同管理模式下的信息共享机制研究[J].科学管理研究,2007,23(6):3-6.
[143]VITO A A, GARAVELLI C. Knowledge transfer and inter-firm relationships in industrial districts: the role of the leader firm. Techonvation. 1999(19):53-63.
[144]钱坤,段贵军,姜坤.供应链中协同企业的利益分配问题研究[J].物流科

技,2006,29(12):63-65.

[145]CACHON G LARIVIERE M Supply chain coordination with revenue-sharing contracts: strengths and limitations [J]. Management Science, 2005, 51(1):30-44.

[146]綦方中,刘端阳,潘晓弘.一种考虑风险因素的供应链利益分配策略研究[J].商业研究,2006(13):20-23.

[147]马士华,王鹏.基于 Sharply 值法的供应链合作伙伴间收益分配机制[J].工业工程与管理,2006(4):43-45.

[148]许淑君,马士华.供应链企业间的信任机制研究[J].工业工程与管理,2000,2(6):5-8.

[149]张记朋.基于价值链管理的企业绩效评价研究[D].大连:东北财经大学,2006.

[150]郭亚军.综合评价理论与方法[M].北京:科学出版社,2002.

后　记

在书稿付梓之际，不禁百感交集，全书的完成不仅是我个人的劳动成果，更是在许多老师、同学和朋友的关怀与帮助下完成的。

书稿的完成，我首先要感谢的是我的导师冯艳飞教授。从全书选题到框架建立、观念的澄清、疑难解决乃至初稿完成的润饰斧正，导师提供了许多宝贵的意见及教诲，使全书更完整、更严谨，其间倾注了导师大量的心血。导师不仅在学业上给予我极大的帮助，他实事求是的科学精神、严谨认真的治学态度、孜孜不倦的探索精神、广博深邃的学识以及亲切和蔼的态度、坦诚待人的处世风范感染和鞭策着我，是我今后学习的楷模。在此谨向我的恩师致以由衷的感谢和崇高的敬意。

感谢几年来一直精心教育和培养我的武汉理工大学管理学院各位老师，他们的教诲是我的荣幸，让我一生受益匪浅。

还要感谢我的同事以及我的各位好友，是他们无私的帮助和友谊支持我完成了书稿，获得的知识和友谊将成为我今生最重要的财富。

最后，对给本书提出宝贵意见的各位专家、教授致以诚挚的谢意！